......ach, du liewes Lewe

Heinz Ludwig Wüst

......ach, du liewes Lewe

pälzische un hochdeitsche

Gereimtheite un Ungereimtheite

heiter – ironisch - besinnlich

Kapitelverzeichnis:

Bibliografische Information der Deutschen Nationalbibliothek:

Die Deutsche Nationalbibliothek verzeichnet diese Publikation in der Deutschen Nationalbibliografie; detaillierte bibliografische Daten sind im Internet über http://dnb.de abrufbar.

© 2015 Heinz Ludwig Wüst

Illustration: Heinz Ludwig Wüst

Herstellung und Verlag: BoD – Books on Demand, Norderstedt
ISBN: 978-3-7386-3048-3

Vorwort

„Ä bissl hochdeitsch un ä bissl pälzisch" -

Warum ich eigentlich des Buch schreib:

Inzwische hab ich finf Enkel und mer wääs ach net, was noch alles noochkummt. Die ääne redde pälzisch und die annere hochdeitsch. Es is awwer trotzdem schää, dass se trotz alledem pälzisch verstehen. Un die sollen uf jedenfall mol ä Adenke an ihrn Opa hawwe.

Allerdings sollen Sie, liewer Leser, sich als emol ganz entspannt des Buch vornehme und ich bin sicher, es kummen Erinnerunge aus Ihrm Lewe zum Vorschei an die mer vielleicht gern odder ugern erinnert werd. Odder mer saacht sich: „Awwer schää war's doch!"

Jetzt hab ich ganz vergesse, mich vorzustelle: Ich bin de Wieschde Heinz, wie mer's uf pälzisch saache deet.

Uf die Welt kumme bin ich am 4. Auguscht 1950 in Speyer. Des merkt mer ach an meim Vorderpälzer Schreibschdiel.

Die Gedichte un G'schichte in dem Buch sin aus em End vum 20. un ach schun aus em 21. Johrhunnert.

Sie verzehlen aus Zeite, wu mer se noch in de Schul mit em Rohrschdock uf die Finger kriecht hot, vun Zeite, wu ich mit em Mopedl de Mederschemer Auwald usicher gemacht hab und mich iwwer des große Bauwerk gewunnert hab, wu schbeeter en Kiehlturm war, vun Zeite, wu mer noch net gewisst hot, dass es mol ä Händy gewwe werd, vun Zeite, wu de Liter Benzin noch 50 Penning gekoscht hot ......bis ins Johr 2015.

Es ältschde Gedicht in dem Buch, de „Minirock", stammt aus 'm Johr 1966. Mangels Daschegeld hab ich Gedichte in de „Rheinpfalz" veröffentlicht. Des hot mer 15 Mark pro Gedicht eigebrocht. Un des war dreimol so viel, wie ich in de Woch Daschegeld erhalte hab.

Ich will Sie awwer net weiter langweile, sondern Sie mit meine Gereimtheite un Ugereimtheite, Gedichte un Episode unnerhalte.

Gleisweiler, 2015

5

Dichters Los

Manches Mal wird man mitnichten
schnell genötigt, ´was zu dichten,
weil im Dorf oder der Stadt
irgendwer Geburtstag hat.

Öfters kommt es auch mal vor:
ein Jubiläum steht bevor;
selten auch eine Beschwerde
für das Amt oder Behörde.

Jemandem eine Freude machen,
´was zu dichten, was zum Lachen,
vielleicht auch bei manchen Dingen
einem Freunde Trost zu bringen!

Wichtig ist´s, nicht nur zu reimen,
etwas passend hinzuleimen,
schnell etwas dahin getrimmt,
und das Versmaß auch nicht stimmt!

Nein, es soll, wie ich es seh´,
wenn im Kopfe die Idee,
stets zu gutem Reime fassen -
auch der Inhalt sollte passen!

Führt vom Anfang bis zum Schluss,
stets der geistige Erguss.
Wer dies beherrscht, der freut sich dann,
wenn er ´was Schönes dichten kann!

Ach du Lieweslewe

Erlebtes und Ausgedenktes, vum erschde Kennelerne bis zu all dem, was so ä Zusammelewe oder Ausenannergehe mit sich bringe kann.

Des Gedicht „männlichi Heiratsvorbereitung" ist z. B. uf ä Thema aus änere Unnerrichtsstunn aus em Religionsunnerricht in de Handelsschul zurick-zufiehre und die „Nordfriesische Inselliebschaften" aus em Inselurlaub uf de Nordfriesische Insel Föhr. Es hot sich halt alles so schää uf alle Nord-frieseinsle gereimt. Wie im richtische Lewe!

Net zu vergesse, dass ach die Lieb durch de Maache geht un Sache erwäh-nenswert sind, die manchmol fer ä Selbstverständlichkeit   betracht werren, wie zum Beischbiel bei de „Krankheitskoschedämpfungsmethod".

Eweso g`heert ach die Tierlieb und ach als ämol ä Dauertelefong´schbräch mit de beschde, vielleicht weit entfernte Freundin, dezu!

Siwwe Minute

pechschwarze Hoor mit emme mittelalterliche Heiwl druf,
schwarzbraune Aache hän mich angeguckt!
Ich seh e rotes Gewand und e weißes Bliesl mit eme interessante Dekoltee.
Schmalzbrot hot se mit de linke Hand hinnerm Trese g´schmiert!
Ihrn Blick hot mer en agenehme Stich verbasst - und ich hab gemänt, ich hett Hubschrauwer im Bauch!

Mer sacht, die erschde siwwe Minute deten in bleiwender Erinnerung net verlore gehe,
........vielleicht waren ´s awwer ach nur finf !

......uf de erschde Blick

Manchmol denk ich als zurick
an den allererschde Blick.
Mir waren beide ganz allää.
Sie war so hibsch, ach uhne Zäh!
Die Hewamm hot mich so beglickt,
ä Päckl Mensch an mich gedrickt.

Es war in kalter Winterszeit,
mei Nas´war lääfisch, ´s hot net gschneit.
Mei greeschdi Angscht, des war am End,
dass sie de Schnuppe krieche kennt.
Die Hewamm, so ä liewi Fraa
saacht: „Nää, Sie stecken´s Kind net a!"

Inzwische sin mei Hoor ergraut,
des Kind is groß un sehr vertraut.
Wann mir uns manchmol ach gefetzt
un ach verbal in d´ Nessle g´setzt,
als Vadder dankscht´s em liewe Gott,
wann mer so was als Dochter hot!

Uf dere Welt, do gibt´s zum Glick,
ä Lieb, glei uf de erschde Blick!

Umsunschd

Ich war en Bu vun fuchzeh Johr,
na ja, noch ziemlich jung.
Was ich verzehl, is sicher wohr
aus der Erinnerung.
Ä Mädl hab ich mol gekennt,
die war aus Ellerstadt.
Besuche wollt ich se emol,
mit meinem neie Rad.
Es war en schäner Summerdaach,
do richt ich mei Gepäck
mit Proviant un Rechezeich
un fahr vun Speyer weg.
Erscht durch de Schifferstadter Wald
un dann noch Schlottestadt,
vorbei an Kraut un Rieweäcker -
nor ääns im Kopp drin g´hat.
S i e war´s, mit lange, braune Zepp,
schlank wie ä junges Reh
un braune Aache hot se g´hat,
wann ich se vor mer seh.
Un weiter strampel ich mi´m Rad,
bis ich zum erschdmol seh;
doch domols hab ich´s net gewisst,
es war die Dannstadter Höh.
Mei Ziel war dann ach nimmie weit -
ich hab mich richdich g´fräät!
Tret´ pauselos in die Pedal´,
dass ich se seh´, die Mäd.

Wie war do die Entdeischung groß -
ich hätt´ se gar am End,
weil sie die Zepp hot abgeschnitte,
faschd gar nimmi gekennt.
Sie hot sich nix aus mir gemacht
und führt´ ach nix im Schilde!
Ich glaab, der Weg, der war umsunschd,
mit´m Rad zu der Mechthilde!

Erschder Lieweskummer

„Uf dere Welt, mein liewer Bu,
bassieren Sache, heer mol zu,
die ich dir jetzt vun Mann zu Mann
in aller Ruh verzehle kann:
Du kennscht ä Mädl, lieb un nett,
ä Herzkersch, goldich un adrett.
Es is e Prachtschdick vor dem Herrn,
halt korz gesacht, du hoschd se gern.
Ihr gehen als danze un schbaziere,
un so was nennt mer halt bussiere.
Ihr machen Bleedsinn un sin froh,
ich wääs, es war schun frieher so.
Uf ämol, wie aus heitrem Himmel,
- do dut´s en Schlaach, ´s is kä Gedimmel!
Vielleicht war´s bloß es falsche Wort,

un die ganz Zuneichung is fort.
Dich drickt´s am Herz, du fiehlscht dich krank,
du schdehscht dehäm vorm Kläderschrank,
du siehschd, was sie dir mol geschenkt
un laufend werd an sie gedenkt.
Korzum, mer nennt halt diese Nummer,
im Lewe erschder Lieweskummer.
Do hilft kän Dockder, - ganz gewiss -,
weil so ä Kranket heilbar is.
Mein Bu, ich sach dir unbestritte,
ich hab do dra ach mol gelitte.
Es geht vorbei wie bei em Kater
noch emme Rausch, saacht dir dein Vater.

Es hot de Herrgott vorgesehe,
die Welt, die soll sich weiter drehe
un eigericht, dass mer ach dann
ä anres Mädl liewe kann!"

Männlichi Heiratsvorbereidung

Sie steht vor dir, frisch uffgebutzt.
Kä Staibche dra, wu sie beschmutzt!
Än roter Mund, ganz ugeloche,
die Aachebraue noochgezoche!
Die Wimpre sin´ganz frisch behandelt
un ach die Hoorfarb is verwandelt!
Ihrn Autfit, des is net zu fasse,
wie aus em Ei gepellt, ganz Klasse!
Sie riecht so gut un du werscht sehe,
dem Mädl kannscht net widerstehe!
Es is ä Prachtschdick so im Ganze
un mit ihr gehscht heit Owend danze.
Die Nacht is lang, die Musik laut,
´s Fett werd im Kerper abgebaut.
Es is halt doch so ä Tortur,
du willscht jetzt häm ins Bettsche nur.
Un nooch der viel zu korze Nacht,
bischt dann um 12 Uhr uffgewacht.
Un newer dir, in aller Ruh,
licht sie, hot noch die Aache zu.
Un dann, - ganz langsam, wie mer sieht, -
do effnet sie ä Lid um Lid!
Hot sich die Aache ausgeruwwelt,
guckt aus de Wesch, noch ganz verstruwwelt!
Die Schminke, wu se ausgewählt,
hot sich im ganze G´sicht verdählt!
Sie guckt ganz eklich, is noch mied,
grad wie ä Blum, wu ausgeblieht!
Ertragscht den Ablick uhne Schade,
kannscht sie, wann sie´s ach will, heirate!

12

Falsch gewählt

Es saacht die Gattin zu ihrm Gatte,
der ewe grad än Leichtschloof hatte:
„Lossen mir´s jetzt mol widder krache?"
Un kummt ach ziemlich gleich zur Sache!

Als des Wort „Krach" trifft dann sei Ohr,
do kummt ihm Vieles furchtbar vor.
Ihm fallt ach Schlimmes pletzlich ei
un määnt: „Mir lossen ´s liewer sei".
Er rimpft sich drei mol noch die Nase
un fallt gleich in die Diefschloofphase.

Wie hot sei Gattin sich gequält,
weil sie grad´´s falsche Wort gewählt!

Verguckt

Mensch, is des ä Rasseweib,
en praller Buse, schlanker Leib.
Nirchens ä Gramm Fett zu viel,
graade Bää, wie ´n Besestiel!
Schwarze Hoor, ganz schulterlang,
en herrlich eleganter Gang.
Aache, - stahlblau -, die wu strahle!
En Duft, des is kaum auszumale!
Kussmundlippe, rot wie Blut,
un was se a´ hot, steht ´re gut!
Sie is bestimmt ä Fraa vun Welt!
Es gibt fascht nix, des wu ´re fehlt.
„Ach Opa, kumm, vergess´die Drääm,
blamiere kannscht dich ach dehääm!"

Grumbeersupp

Der alte Fritz, an Wuchs sehr klein.
An Geistesgröße – sicher nein!
Wohl überlegt und salomonisch
und manchmal auch etwas ironisch,
hat er stets frei und unbefristet
die Untertanen überlistet!
Kartoffeln, die geerntet frisch,
hat er, bevor sie auf dem Tisch,
an einem Ort, der einsehbar,
bewachen lassen und sogar
behutsam transportieren lassen,
wie einen Schatz, was nicht zu fassen!
So dacht´ man, durch des Herrschers List,
dass dies etwas Besond´ res ist.
Man hat die Knollenfrucht geehrt
und sie mit Appetit verzehrt.
Damit auch nichts verkommen mochte,
die Hausfrau daraus Suppe kochte.
Wenn ihr mal Hunger habt, ihr Lieben,
dann kocht sie auch, wie nun beschrieben:

Rezepte

1 Bund Suppengrün, 1 Zwiebel, ca. 20 g Speck klein schneiden und anbraten.
Etwa 500 g Kartoffeln waschen, schälen, klein schneiden, und mit 2 Liter Wasser auffüllen.
Mit Pfeffer, Salz und klarer Brühe abschmecken, weich kochen und ein bisschen verstampfen.

Als Pfälzer Nationalgericht gibt es dazu

Quetschekuche

Hefeteig herstellen und auf dem Backblech auswellen, mit Zwetschgen belegen und bei 200 ° Celsius 20 bis 30 Minuten backen.
Un jetzt än Gute!

Hausmusik

Die Erbsesupp´und d´Servelat, die treffen sich im Maache.
Do saacht die Servelat zur Supp: „Ich kännt än Schnaps vertraache!"
Uf ämol kummt, des glabt mer net, es is grad wie ä Wunner,
ä Gläsl voll, vum Williams Chrischt, grad recht die Gorchel nunner.

Was is dann des bloß fer ä Frääd, bei so em goße Glick,
do machen se, mi´m Bloßßarsch zamme, schäni Hausmusik!

Pälzischi Lieweserklärung

„Ich hab bestimmt lang noochgedacht
un Dir ach e Gedicht gemacht!
Ich bring ke Reime, ke versaute,
ich hab gedenkt, ich muss mich aute!
Ich muss es Dir mol anvertraue:
ich lieb im Lewe halt nur Fraue.
Ich lieb die Dicke und die Dinne,
die vorne hibsch un hässlich hinne,
mit Busen aller Körbchengröße,
mit Dekolltee, versteckter Blöse.
Mit Lippenstift bemalt, adrett,
gepudert un beschmiert ganz fett,
mit falsche Hoor un falsche Zäh,
im Rudel oder ach allää!
Mit Hose, mit Koschdüm, mit Kläder,
als klääni Bauchwarz, langi Läder,
ganz barfießisch, mit Stöckelschuh,
mol nüchtern, mol beschwipst dezu!
Mol mit des Haares falscher Pracht,
mol tempramentvoll, mol ganz sacht!
Egal ob schwarz, blond, ach brünett,
ob reich sie is, oder nix hätt!
Ob Schwichermutter oder Tante,
Kusine oder Anverwandte,
ob junges Ding mit strammem Leib,
Hauptsach, es is e nettes Weib!
Doch glab mir, des is net ironisch,
d i e   Weibsleit lieb ich nur platonisch.

Bei Dir, des is net iwwertriwwe,
do is die Lieb ganz ubeschriwwe!
Des kann mer net in Worte saache,
des muschd erlewe alle Daache.
Du bischd e liewi Fra - zum Glick -,
bischd net zu derr un net zu dick,
du bischt de Dockter als im Haus
un kennschd Dich gut im Haushalt aus.
Fantastisch kochschd wie fern Gourmee,
des kann mer an meim Ranze seh.
Du halscht uns dächlich gut im Futter
- korzum – e ideali Mutter.
Du schenkschd uns schäner Zeitvertreib,
du bischd e echtes Superweib!

Als ich die Ehe Dir versproche,
hab ich en Hauptgewinn gezoche!
E Goldstück, ´s is net iwwertriwwe,
und des bischd ach bis heit gebliwwe!
Du hoschd noch Feier in de Glut,
des is es, was so prickle dut!
´s is net geloche, des is wohr,
sach ich jetzt nooch so viele Johr!

Un ebbes, ja des kannscht mer glääwe :
`s is äfach schää, mit dir zu lewe!"

`s Raichermännl

Es steht in kalter Winterszeit,
wann´s froschdich is un es hot g´schneit,
grad´ drauß vor´m Haus vor seiner Deer,
en Mann, der friert un zittert sehr.
Ä Zigarett, frisch a´geschdeckt,
hab ich in seiner Hand entdeckt!
„Warum gehn Sie dann net ins Haus,
do haus halt mer´s jo kaum noch aus?"
„Mei Fraa", sacht er, so ganz verzwickt,
„die hot mich grad nooch drauße g´schickt!"
Sie määnt, den Qualm im ganze Haus,
den halt se nimmi länger aus:
„Es riecht im Zimmer inne drin,
jo alles nur nooch Nikotin!
Tapete, Vorhäng sin zum Dääl,
ganz schdinkisch un sin ach schun gääl!
De Aschebecher voller Kippe,
schdinkt scheißlich, ´s isch net iwwertribbe.
Am Boode, selbscht uf em Biffee,
sin lauter Brandflecke zu seh!
Än zarter Kuss vun dir, der schmeckt,
wie´n Aschebecher ausgeleckt!
So geht´s net weiter in dem Haus,
ich pack bald ´s Bindel un zieh aus!
Wann d´ qualme willscht, geh uf die Schdrooß,
sunscht isch dehääm de Deiwl los!"

„Ja liewer Mann", saach ich denooch,
„wann Sie se liewen, is ´s kä Frooch -
bevor die Zuneichung verbufft,
raacht mer halt in de frische Luft!
Un zittert halt so vor sich hi´
vum Unnerkiefer bis ans Knie!"

Ich will´s vergesse net, zu saache,
es gibt ach Weiwelcher, wu raache.

Freundschafde

In de Biewl steht geschriwwe:
Bigamie sei net erlaubt!
Gockelhähne liewen siwwe,
wie de Volksmund es behaupt´.
Platon, so än alter Grieche,
hot des Iwwl frieh durchblickt,
denn ä Zwätfraa derfscht du liewe,
die dich net sexuell beglickt.

Wie ä guti Mutterseele,
der mer ach vertraue kann;
sei´s, wann Sorsche dich als quäle
un dir ach mol helfe kann!

Ja, du kannscht dei Herz ausschitte,
du kannscht saache, was dich drickt,
jemand, der mit dir gelitte,
un zurecht de Kopp dir rickt!

So was braucht mer als im Lewe
immer widder, dann un wann:
Egal is, ob die Fraa so´n Freund hot
odder ä Freundin fer de Mann!

Nordfriesische Inselliebschaften

Gemütlich schwimmt auf einer Woge
die Möwin, vor der Hallig **Hooge**!

Da kommt geflogen - ohne Stress - ,
ihr Hausfreund von der **Langeneß**.

Ihr Gatte hat nichts mitgekriegt,
weil er grad´ Richtung **Amrum** fliegt.
Sein Flügelschlag ist ziemlich wild;
er hat ein Date auf Insel **Sylt**.

Die Möwin mag den Hausfreund leiden,
drum lässt sie sich auf **Pellworm** scheiden.
Das Jahr der Trennung stört nicht sehr,
denn das verbringt sie dann auf **Föhr**!

Romantisch, bei der Abendröte,
verlobt man sich auf Hallig **Gröde**.
Geheirat´ wird bald still und leise,
nach **Römö** geht die Hochzeitsreise!
Der Kindersegen, oh wie fein,
stellt sich auf Insel **Oland** ein.

Gebroch´ne Herzen, – starke Triebe - ,
gibt´s nicht nur in der Möwenliebe!

so en Ring

Uf uns´rer Welt gibt´s viele Dinge,
un manche Sache nennt mer Ringe.
In Technik, un´ im däächlich Lewe,
do müssen Ring verdammt viel hewe!
Der Gummi-Ring, der soll mitnichte,
uf alle Fälle richtig dichte!
Ovale Ringe, wie mer sieht,
die braucht mer fer e Ketteglied!
Der Ochs trächt so e´rundes Ding
gewöhnlich als en Nasering.
Ach Lewwerworscht, ich will net lieche,
kann mer bei uns in Ringform krieche!
Wann ich so in die Mode guck,
do trächt mer Ring als Modeschmuck.
Vun Kopf bis Fuß in alle Töne,
will Körperteile mer verschöne!

Jedoch des allerschenschde Ding,
ich glaab, des is de Ehering!
Er is´es, was des Lewe prägt,
wann mer ihn mol am Finger trägt!
Er zeugt vun viele, schöne Stunde,
in dene Frau un Mann verbunde!
Manchmol verrinnt im Lauf der Zeit
die liewevolle Zweisamkeit.
Un geh´n die zwää ihr eich´ne Wege,
hängt schief des trauten Heimes Sege´.

Mer sieht, dass uf der bucklich´Welt,
en Ring net alles zammehält!

U´verhofft

Als ich so grad 6 Johr alt war, hot´s in meim junge Lewe
in ännre kalte Wintersnacht Verännerunge gewe.
Als morchens frieh ich uffgewacht, war schnell noch uf em Kloo,
do hab ich pletzlich feschtgeschdelllt, die Mamme war net do.Die
Großmutter, die bei mir war, hot mich dann zu sich g´numme
un macht mir dann ach glaubhaft klar: „Ä Schweschterle is kumme.
Sie ist jetzt noch im Krankehaus, weil sie frisch uf de Welt
un morsche Frieh, do derfscht se seh," hot sie mer dann verzehlt.

Im Babbe, dem werd däächlich, fer d´ Dochter gratuliert.
Ich fin des unerträchlich, hab´s ach net recht kapiert.
Mei Schweschder hot Geburtsdaach un´s g´heert , wie sich´s gebiehrt,
glaabt mir, wann ich des richtig seh, der Schweschder gratuliert.

Es hot mich manchi Dante dann ach dohi belehrt,
was ich bisher net kannte, die Mark wär d´Hälft jetzt wert.
Ins Krankehaus gekumme, des glaawen mir jetzt blooß,
kriech ich ä Päckl Schweschder, geleecht dann uf mein Schooß.

Die Krankeschweschder froocht mich, des hot mir noch gefehlt:
„Uff´s Schweschderle do frääscht dich?" - „Ich hab se net beschdellt!"
Känn Mensch hot mich vorsorchlich do driwwer uffgeklärt!
Ja liewe Leit, des g´heert sich, bevor mer so bescheert!

War´s doch der Werfelzucker, der einscht vorm Fenschder laach,
den ich, ich armer Schlucker, geleecht vor lange Daach?
Hot doch de Schdorsch den g´fresse? Es is so lang schun her.
Drum hab ich´s ach vergesse, so was mach ich nie mehr.

Zum Schluss will ich noch saache, dann halt ich ach mei Klapp,
ich kann mich net beklaache, dass ich **d i e** Schweschder hab!

Wer is wer ?

Wer Zwilling hot, der hot´s als schwer,
sofort zu sehe: wer is wer?
Un schwierischer is es erscht recht,
sin beide dann vum selwe Gschlecht;
weil manche ach noch immerhin,
vum gleiche Ei entsprunge sin.

De liewe Gott, des saach ich laut,
hot Unnerschiede ei`gebaut!
Un wer die kennt, des merkt mol eich;
die zwää, die sin jo gar net gleich.
Es is ä schäänes Schbiel, gewiss,
uf Ahieb wisse, wer wer is?

´s Frausche

Schää isch´s, wann ich schbaziere geh´
un all die viele Hunde seh´.
Do find´t mer Schäferhund´und Dogge,
Pudel mit viel Krussellocke,
Dackel, Setter, Bernhardiner,
Cocker-Spaniel, Dalmatiner,
Dobermänner, Foxterier,
- lauter edles Getier! -

Die meischde hän, des is des Feine,
ä hibsches Frausche an de Leine!

Ausg´floche

Wie is es jetzt so ruhich im Haus,
so furchtbar maislschdill;
wie in em leere Vochelnescht,
wu känner zwitschre will!
Blooß manchmol heert mer, ab un zu,
än Balke bissl knarre,
der ebbes uns verzehle will
- un dut dann schdill verharre. -
Wie war des frieher, wann mer´s denkt,
- un ´s is jetzt halt mol so -
wie mir dei Schritte hän geheert,
gewisst hän, – du bischt do -.
Vun Zeit zu Zeit, un des is gut,
gibt´s Lewe in dem Haus.
Do is es Zimmer g´schdopptevoll,
du haltsch´s vor Lärm net aus.
Es wusselt dann grad iwwerall,
so wie vor viele Johr:

„Ach, liewer Opa, schbiel mit mir
un les mer ebbes vor!"

Zum gude Glick

Siehscht´se dort uf ihrm Balkon?
Ans Ohr hebt sie ihr Telefon!
Denn dort hot vor geraumer Zeit,
die Glock vum Apparat geleit.
Sie lacht un fräät sich un verzehlt,
dass es ihr grad an Zeit noch fehlt,
fer in ehrm Keller uffzurahme,
hätt uf em Schbeicher noch zu krame.
Un außerdem misst sie noch laafe,
um Lewensmittel eizukaafe.

Sie guckt nooch links, dann rechts eniwwer;
jetzt holt se sich en Stuhl noch riwwer.
Mit wem verzehlt se dann, die Fraa?
Wer ruft dann jetzt grad bei ihr a?
Die Freundin? Isch´s die Schwischermutter?
De Lieferant fer´s Katzefutter?
De Hausfreund oder doch de Mann?
´s ist schlecht, dass mer´s net here kann.
Ihr Gatte dankt dem liewe Gott,
dass er zum Glick ä Fläträt hot!

Doch sicher isch´s, dass mancher Mann,
genau so lang verzehle kann!

Hauptsach g´sund

G´sund sei, bleiwe und widder werre.

Mer muss awwer ach manchmol selwer was dezu due un vor alle Dinge
net ärchere, net emol im Wartezimmer.

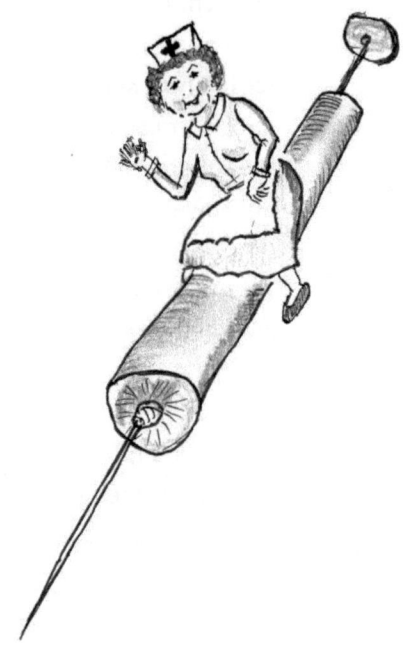

Mir geht´s gut

„Meiner Schilddries, der geht´s gut!
Nor de Blutdruck kreischt vor Wut!
Es Herz macht manchmol Zicke,
berchuffwärts un beim Bicke!
Awwer sunschd fiehl ich mich g´sund
un hab´zum Klaache ach kän Grund!

Morschens frieh, do geht´s schun los,
mit dere schäne Pilledos:
Lauter Pille klää, groß, bunt,
manche länglich, manche rund.
Aache zu und net gezuckt,
nix wie nei un Wasser g´schluckt!
Vor de Mahlzeit und denooch,
frieh bis schbät - ´s is gar kää Frooch!

Willscht du mol dei Halsweh kille,
probier´s mol mit paar Lutschpastille!
Wer viel huschd, weil er ach pafft,
dem hilft net mol än Huschdesaft.
Ja, ja, so geht es Lewe ´rum,
bis du bucklisch bischd un krumm.
Werd erfillt dein letschder Wille,
brauchscht ach nimmi all die Pille!

Fahrt mer zum letschde Ziel dich hin,
brauchscht net mol Reisemedizin!

Krankheitskoschdedämpfungsmethod

Wann krank ich in meim Bettche liech,
erschd Schittelfroschd, dann Fiewer kriech;
de Dokder kummt un saacht: „Ich find,
dass ach die Mannle eitrich sind!"
Verschreibt mer Pille, korz vorm Gehe,
will mich noch fünf Daach widder sehe.
Uf eme Zettel, der noch blank,
schreibt er mich siwwe Daach lang krank!

De Kopp dut weh, die Glieder schmerze,
mit so was is halt net zu scherze.
Wie wer ich wunnerbar gepflecht,
kriech Wadewickel a´gelecht.
Sie pflecht mich liewevoll am Bett,
sie kocht mer, was ich gerne hätt`,
sieht jeden Wunsch de Aache a,
sie is e Goldschdick vun ´re Fraa!
Es Fiewer sinkt un wie ich seh,
dun ach die Glieder nimmi weh.
Der Hals schmerzt noch beim Brockeschlicke,
des kannschd durch Drinke iwwerbricke!
Am vierte Daach kummt aus ihrm Mund:
„Du schdeigschd jetzt uff, du bischd gesund!"
Ich saachs eich, uhne iwwertreiwe,
doch brauchschd nimmi im Bett zu bleiwe!
Die Heilmethode is bis jetzt
es beschde Koschdedämpfungsg´setz!

Im Wartezimmer

„Nää, glaabt mers nor, ´s werd immer schlimmer!
Ich sitz jetzt grad´im Wartezimmer.
Hab mich beeilt un abgerännt,
un ach net den Termin verpennt.
Ich sitz do drin voller Begierde
un les` ä Stunn lang Illuschtrierde!
Die Zeit, die will do kaum vergehe,
kann zwischedurch Bekannte sehe.
Mir gecheniwwer, die alt´ Wachtel,
riecht wie ä parfimierti Schachtel!
Un sie verzehlt ausfierlich wild,
die G´schicht, grad vun ihr´m Krankheitsbild!
Rechts newer mir, die ganz fei Fraa,
die is grad´kumme, - kummt glei dra!
Mir wachst de Kropp, ich kriech än Hals,
ich kännt se kriwwle jedenfalls.
Die is beschdimmt, denk ich am End,
ganz sicher än Privatpatient!
Mein Blutdruck steicht uf höchschdi Stufe,
uf ämol wer isch ufgerufe.
Weil ich durch´s Warte so gequält,
hätt ich was Falsches fascht verzählt.
Nooch finf Minute der Visite,
wu ich beim Waate so gelitte,
kriech neie Pille ich verschriwwe,
un dofor bin ich lang gebliwwe.
Die Fraa, wu vor mir dragenumme,
is blooß zum Blutabnemme kumme;
weil des Labor grad´net beleecht.
Ich hab umsunscht mich uffgereecht!

Der Unnötig?

Der Mensch hat schon als kleines Kind
´nen kleinen Darm, der ziemlich blind,
der in der Baucheshöhle nistet,
doch ist sein Dasein oft befristet.
Und manchmal will der kleine Schlauch
von uns´rer Welt was sehen auch.
Dann tut er weh, so dass am End´
er vom Chirurg wird abgetrennt.
Anstatt der großen Weltenreise
wird er entsorgt ganz still und leise.

Man meint, dass der Appendix auch
sei nötig nicht in einem Bauch!

??????????????????????????????????

Im Schlooflabor

´s kummt net bei alle Mensche vor,
so än Besuch im Schlooflabor!
Hoscht än Termin un welch än Graus,
fillscht erscht mol Froochebooche aus!
Du führscht ä Schloofeprotokoll,
was so de Dokter wisse soll:
Wann d´schloofe gehscht un nooch de Nacht,
wann d´morchens frieh du uffgewacht.
Bischt du am nägschde Morchen fit?
Hoscht du gut g´schloofe odder nit?
Hoscht du als s´ Kripple an de Bäne?
Un noch so Zeich sollscht du erwähne!

Gepackt de Koffer mit paar Sache,
dann kannscht dich uff de Hiewech mache.
Schtehscht endlich du an dem Empfang,
saacht mer: „Sie derfen vier Daach lang
in so em schäne Haus quartiere
un ach ä schänes Lewe fiehre!"

Am Owend werscht du dann verkabelt
un an em Käschtl agenawelt.
Liegscht dann im Bett, werd iwwer Nacht
es Zimmerlicht ach ausgemacht.
Ä Kamera die an de Deck,
die filmt dich iwwer d´Nacht äweg.

Am Morche werscht du dann entkabelt
un vun dem Käschtl abgenawelt.

Daagsiwwer, des is kaum zu glääwe,
do machscht du dir ä schänes Lewe.
Am Owend, so korz vor de Nacht,
do werd des selwe widder g´macht.
Un sin zu End die ganze Bosse,
dann werscht du freundlich dort entlosse.

Wann d´machscht, was dort dir werd verschriwwe,
schloofscht supper - uhne iwwerdriwwe!

Narwe

„Ziechscht nackisch dich vorm Schbichl aus,
do siehscht so manche Narwe;
gar manche fallen net glei uff,
die annre fascht vergrawe!

Ä jedi Narb verzehlt ä G´schicht;
ganz leise un vertraut.
Erinnerunge werren wach,
geh´n manchmol unner d´ Haut.

Du nimmscht ä warmes Bad denooch,
entschbannscht dich un bischt froh,
hoscht dich denooch dann abgetrickelt,
die Narwe sinn noch do!

De Volksmund saacht, des is halt so:
De Zeit heilt alle Wunde.
Die Narwe bleiwen trotzdem do
und sin ach net verschwunde!

Sie g´hern zu dir, verlierscht se net,
sin meischdens ach kä Zier.
Traach sie mit Fassung un Geduld;
mir geht´s g´rad so wie dir!

Kurschatten

Wohl dem, dem eine Kur verschrieben,
der, weitab von seinen Lieben,
sich sehr körperlich betätigt
und sich von seinem Stress entledigt.

Doch, wie man es manchmal hört,
ist die Ruhe sehr gestört!
Denn mit einem Stundenplan
fängt der Tag am Morgen an!

Liest man diesen Zeil´ um Zeile,
gibt es keine Langeweile
und man wünscht sich, ganz verstohlen,
nach der Kur sich zu erholen.

Eines, das ist sonnenklar,
was nicht zu bezweifeln war,
als es anders zu erwarten:
Auch die Kur hat ihre Schatten!

Ä Kneippkur

Fer die G´sundheit und dein Leib,
so saachte einschd de Parrer Kneipp:
„Sollschd du im Lewe ebbes due,
hoscht dich net ständisch auszuruhe!"

„Du sollschd zum liewe Herrgott bete
un dodebei kannschd wassertrete!
Am beschde hi´ bis zu de Waade
un ach die Ärm als kalt mol bade."

„Desweitere sollschd du net misse
mit emme Schlauch verschied´ne Güsse!
Ach hääßie Luft, bei dem Sauniere,
kann als zum Wohlbefinde fiehre."

„Denk dra, du brauchschd ach viel Bewechung,
zur Blutdrucksenkung, Kreislaufrechung!
Un bass mer uff, bei all dem Esse,
die Vollwertkoscht net ganz vergesse."

„´s hilft manches Plänzl, wann d´ hoscht weh,
als Pille odder ach als Tee!
Zum gute Schluss, des glaabscht du nie,
nitzt ach ä Ordnungstherapie!"

60 plus

„Werscht du im Lewe 60 plus,
is lang noch net mit allem Schluss!
´s zwickt dich mol links und rechts denewe
un trotzdem kannscht noch viel erlewe!
Duscht du die Landkarte schdudiere?
Gehscht mit de Enkelscher schbaziere?
Duscht Biecher odder Zeidung lese?
Fahrscht hin, wu du noch nie gewese?
Erkennscht vielleicht dein Baschdeltrieb?
Hoscht Katze, Hund un Hiener lieb?
Werd´s owends vor de Glotze schbeet?
Du machscht, was Schbass macht un was geht!
Mach dir im Lewe känn Verdruss
und fühl´ dich wohl mit 60 plus!“

Zum Defuulaafe

Em Mensch, nooch geischdischer Erreechung,
schad´t nix die kerperlich Beweechung.
Denn was de Blutdruck uffgebaut,
wu em de ganze Daach versaut,
muss sich nooch heftischem Zerfetze,
widder in ruichen Zustand setze.
„Drum denk dra, wann dir des bassiert,
dass sowas net zu Gutem fiehrt!
Drink än Schluck Wasser, schnauf mol durch,
sunscht zackerscht du kä gradi Furch!
An frischer Luft bei jedem Wetter,
do geht´s dir besser – du werscht netter!
Laaf dich dann frei un du werscht seh´,
uf ämol werd dir´s besser geh´!“

Fitness im Alter

„Hände hoch und hoch das Bein,
dehnen, biegen strecken.
Laufschritt, Rückwärtsgang, Entspannen,
Beine, Po und Becken.
Immer wieder kleine Pausen:
Atmen – tief verschnaufen -
stehen bleiben, Puls mal messen,
in dem großen Haufen!"

Die Bewegung tut recht gut,
schon seit Alters her.
Zu viel Rast, um auszuruhn,
stört den Korpus sehr.
Turnen und Gymnastik treiben
und das viele Tage,
um zu machen, was noch geht,
Fitness ohne Plage.

Gemeinsam turnen, das macht Spaß,
stärkt das Herz und Glieder;
darum treffen wir uns gern
jede Woche wieder!

Guter Rat

Erfreu´ dich deines Lebens,
ertrag´ des Tages Last,
und kämme deine Haare,
solange du sie hast!

Heiter bis wolkich un quer durch de Gaade

Summerwecker

„Schää isch's im Summer in de Frieh,
wann die Vechel peifen!
Do heer ich als genauer hin,
blooß kann ich's net begeife.

Was die sich zu verzehle hän,
ich kann's eich gar net saache,
weil ich die Schbrooch jo gar net kenn,
dun die sich gar beklaache?

Frään die sich, weil se freehlich sin
gibt es jetzt Neiichkeite?
Was hot's Gezwitscher fer än Sinn,
die sin grad zu beneide.

Die Hauptsach ist, des lob ich mir;
ich brauch fer alle Fälle,
weche dem Feddergetier
kän Wecker mir zu stelle!"

Trinkgeld

„En Trauwesaft is nooch de Gärung
in uns´rer Palz ä b´sunnri Währung!
Kä Geldschei un ach gar kä Münze
gehen inflatziös dobei in´d Binse!
Is sauwer abgefillt in Flasche,
meischt schää verpackt in Henkeldasche!

Gehscht zum Geburtsdaach gratuliere,
zum Jubiläum was schpendiere,
als Weihnachtsg´schenk fer´d Müllabführ,
net blooß fer d´ Zeidungsbote nur,
fer d´ Briefbot und fer d´ Handwerksleit,
die sauwer g´schafft hän bei dir heit,
is so ä Fläschl net verkehrt
un ach ä guti Ärwet wert!

 Iwwer des Trinkgeld brauchscht net schelte
un ach em Fiskus net zu melde!"

´s drickelt widder

Wie war es doch in alter Zeit,
als noch bei uns die Rittersleit,
ihr´n Krempl hergericht und a
es Keischheitsschloss fer d´Ehefraa,
damit ehrn Männl net betrooche,
wann er in´s heil´sche Land gezooche.
Die Fraa heilt Träne um ehr´n Ritter.
De Schmidt, der saacht: „´s drickelt widder."

´s Mariele, die hot Lieweskummer!
Es erschde Mol im hääße Summer.
De Fritz, der war´s, der stinkich Stiwwel;
des nimmt´s Mariele ihm arsch iwwel.
Un Träne kullern, furchtbar große,
es Blies´l nunner bis uf d´ Hose.
Un stehne duht se, furchtbar bitter.
Beruhich dich, Mäd´l: „ ´s drickelt widder."

Die Mamme will in´s Kino geh`,
ä schäni Schnulze will se seh`!
Und dass es Seppelsche bei Nacht
kän all zu große Bledsinn macht,
do bleibt de Vadder bei sei´m Sohn.
Er will ihn wickle – un als Lohn
bepieselt Sepp sein Bäbysitter.
„Des macht nix, Babbe, ´s drickelt widder."

Es sunnt die hibsche Oma Liese
ganz nackt, sich unner der Markiese!

Und reibt mit Gurkemilch sich ei,
denn sie will noch viel hibscher sei!
Do kummt ihrn Enkelsohn, der Knilch,
schitt Wasser uff die Gurkemilch.
Es war bestimmt än halwe Liter:
„Rech dich net uff – ´s drickelt widder!"

Der fette Schorsch, hot´s eigesehe,
er muss ins Fitness-Studio gehe.
Er zieht sei Turnerhesl a´
un kisst zum Abschied noch sei Fraa.
Dann uff em Laufband un em Rad,
do is er pletzlich Schwääß gebad´t.
Tropst vor sich hi´, doch er werd fitter:
„Na, Gott sei Dank – ´s drickelt widder!"

De Schorsch is ferchderlich besoffe,
ä´ Laus is iwwer d´ Lewwer g´loffe!
Un´weil´s net langt, des is kä Frooch,
do gießt er noch paar Schoppe nooch.
Was macht der Kerper doch fer Bosse?
Dut Iwwerfluss grad´ laafe losse.
Es stinkt de Schorsch wie än Tilsitter:
„Des geht vorbei, ´s drickelt widder!"

Un geht´s dir mol im Lewe schlecht,
es laaft net so, wie du es mechschd!
Du sitzschd dehäm im Bett un´brillschd,
weil´s käner macht, wie due es willschd.
Es Läwe bricht fer dich entzwei,
es schitt´de Himmel uff die ei´.
Du fiehlschd dich grad, wie hinnerm Gitter:
„Dann geht die Sunn uff - ´s drickelt widder!"

Pälzer „G´heerwoch"

Am Mondaach g´heert net blau gemacht,
do g´heert geschafft, dass´s grad so kracht!

Am Dienschdaach, saach ich eich, ihr Leit,
g´heert sich vum Mondaachs-Stress befreit!

Am Mittwoch g´heert die Woch gedäält
un ach kä dabbisch Zeich verzehlt!

Am Dunnerschdaach, do g´heert gekisst,
dass mer sei Liebschaft net vergisst!

Am Freidaach g´heert kää Flääsch verzehrt
un samsdaachs g´heert die Gass gekehrt!

Am Sunndaach g´heert sich ausgeruht,
weil do die G´heerwoch ende dut!"

Gääler Sack

Ach, wie war des frieher schää,
wie ich jung war un noch klää!
„Du kännscht mol in die Stadt nei laafe
und mir ä Kann voll Milch eikaafe",
saacht d´Mamme „un mei liewer Bu,
nimmscht noch ä halb Pund Kees dezu!
Mir essen jo so ziemlich selte,
den weiße Kees mit gut Gequellte.
Do nemm die Millichkann und bitte,
du unnerwegs mir nix verschitte!"

Bei annre Kinner hab ich g´sehe,
wann die als Milch eikaafe gehe,
do hänn die äfach, die Halunke,
aus ihrer Kann als Milch getrunke.
Un hänn ihr Kunschtschdickle erweitert,
die Milchkann noch im Krääs rumg´schleidert.
Des hot mich innerlich beriehrt,
dann hab ich´s ach ämol prowiert.
Kaum hot die Fliehkraft angefange,
- ken Droppe is denäwegange! -
Uns schänschde war vun dere Zeit,
ich habe des iwwerlebt, bis heit.

Des hot ach alles viel gedaucht;
mir hän kä gääle Säck gebraucht!

Moglpackung

Warmwasserheizung, wie mer wääs,
die braucht ä Expansionsgefäß!
Denn wenn mer Wasser mol erwärmt,
die Molekülwelt schneller schwärmt.
Un weiterhi sei noch erwähnt,
dass Platz es braucht, weil´s ausgedehnt!

Ä Päckl Cornfläks oder Reis,
is net ganz voll, so wie mer weiß!
In dere Packung werd geblufft,
mit großem Karton un viel Luft!
Der Fabrikant erklärt doher,
dass produktionsbedingt des nötich wär!

Der Abfallämer fer´s Papier,
der langt als meischtens gar net mir:
Zeitungsreklame, Pappmatrial,
viereckich, länglich, rund un schmal,
flachgetrete un verrobbt,
´s werd alles in d´ Papiertonn g´stoppt.
Ach Schundromane, Gebrauchsa´leitung,
- un so was nennt mer Millvermeidung! -

Wie hot´s die G´schäftswelt domols blooß,
gemacht un ´s ging net in die Hos`?
Wie hän die´s frieher angefange?
Sin trotzdem net all pleite gange!
Un manchmol winscht mer sich zurick,
dass die ganz Zeitung net so dick.
Dass mer sich iwwerleecht am End,
wie mer des besser mache kännt.
Net nur Papierentsorchungsquale,
nä,- des muscht alles noch bezahle! -

Dicker Beitl

Ich wääß, was mich am Hinnre drickt,
de Beitl isch's, wu Geld drin schdickt!
's kann net blooß nur es Kläägeld sei,
un aach net nor die Euroschei.
Es nitzt die Scheckkart' vun de Bank,
damit stets flissisch bischt – statts blank!
De Impfpass un de Fiehrerschei,
sogar de Perso schdeckscht mit nei,
die Baumarkt- und die Bahnkart' ewe,
es Krankekärtl brauchscht im Lewe,
vum Autoclub, vum Fitnesscenter,
viel Kassezettel, än Kalender!
Kummscht in die Polizeikontroll,
sollscht zeiche, was mer hawwe soll.
Uf ämol isses Lewe schwer.
Du finscht de Fiehrerschei net mehr.
Bischt uffgereecht un dir wird klar,
wie's frieher uhne Kärtcher war.
Du denkscht, was war des fer ä Glick,
wie mein Geldbeitl net so dick!

Verzottelt

Ä rechti Gieskann', ja die hot,
wann mer se nei kaaft, ach ä Zott.
Die Zott, ja die is dofor gut,
dass mer die Brie verdääle dut.
Am schääne Daach, do is se weg.
Wu is se dann, - liecht se im Dreck?
Ich hab se geschdern noch gesehe.
Was is mit dere Zott geschehe?
Ich hab se leider nimmi g'funne,
hett ich se doch blooß a'gebunne.

Sundaachsfriehschoppe

Sundaachs morchens in de Frieh,
do laafen se in´d Wertschaft hi´.
Un zwar glei nooch em Kaffeetrinke,
ganz frisch geduscht, dass se net stinke.
An emme Disch, der manchol rund,
do sitzen se so zwää, drei Stund.
Damit die Gorchel ach geölt,
wann mer dann stunnelang verzehlt.
So war´s ach schun zu alte Zeite,
und känner braucht´ an Dorscht zu leide.
Mer schbielt als Schoofkopp odder Skaat
odder mer kritisiert de Staat.
An G´schbächsstoff geht nix aus - zum Glick -,
zumindescht bei de Politik.
„Mer kännt ach Vieles besser mache!"
Un Sache gibt´s, die net zum Lache.
„Gibt´s widder Noochwuchs beim Mariele?"
„Nää, wie die alsmool Fußball schbiele!"
De änd saacht so - de anner so -,
dann widder äner, der is froh.
De sell hot so was ach erlebt,
de jell, der hot des net gekläbt.
„Mich zwickt´s schun daachelang do hinne,
un selbscht de Dokter kann nix finne!"

Doch ebbes saach ich eich, ihr Leit:
„Dobei wärscht du so richtich g´scheit.
Beim Schdammdisch heerscht so manch Gerücht,
des findscht in ännre Zeitung nicht!"

Uf de Kerwe

Loss dir net dein Spass verderwe
und geh alsmol uf die Kerwe!
Setz dich, trink än Schoppe Wei
odder ´s kann ach Schorle sei!

Dann ess´noch in aller Ruh´
ä Päärle Worscht mit Kraut dezu!

Als Noochdisch gibt´s vum Gutselstand:
Sieße Mannle - braun gebrannt,
un als Abschluss mit Bravour
en Schaumkopp mit Schoklad´glasur.

Wann´s Reitschulfahre nimmi geht,
weil´s altersmäßich schun zu schbät,
Trink noch´was - un du werscht erfahre:
´s is schääner noch wie Reitschulfahre!

Der 16er Flaum

Ist der Knabe 16 Jahr,
sprießt bei ihm so manches Haar,
das mit Tücke und mit List,
öfter zu entfernen ist.

Wo die Eitelkeit vorhanden,
um bei Freunden und Bekannten,
stets gepflegt und mit Bedacht,
man den besten Eindruck macht.

Stromversorgung früh und spät,
dass das Messer fleißig mäht,
weil der letzte Rest vom Haar,
sauber zu entfernen war.

Zärtlichkeiten stimmen heiter,
drum empfehle ich dir weiter:
„Willst ein Mädchen du berühren,
sollst du dich zuvor rasieren!"

Geburtstagsgedicht zum 16 Lebensjahr meines Sohnes und ein
Elektrorasierer als Geschenk

Vun de klää Kahlmitt
zu de groß Kahlmitt

Die meischde Männer sin sehr eitel,
mit Schnorres, Vollbart, Mittelscheitel,
mit Krusselhoor, mit Schwanz un Locke,
des haut em schiergar aus de Socke!

Seh ich im Spichel mich vun hinne,
kann ich schun die klää Kahlmit finne!
Beim Schwocher Fritz, des glabt mer nicht,
do werd es vorne ziemlich licht!

Es dienen längre Hoor dem Zwecke,
en klääner Glatze zu verdecke!
Viel Stress un Sorche helfen alle,
dem Hoor allmählich auszufalle!

Wann ich so in die Landschaft seh,
do hilft sich mancher mit Tupee;
zur Schönheit und dass er net friert,
un hofft, dass er es net verliert!

Die groß Kahlmit - mit em Kranz Hoor -,
kummt uf der Welt viel öfters vor!
Mer kann en Glatze alle Daache,
mit Würde un mit Anstand trache!

Hoorische Sache

„Nä, ich mach werklich do kä Faxe,
weil d´Hoor an falsche Stelle wachse!
Ich hab ach werklich gar kän Fruscht,
mit emme Urwald uf de Bruscht!
Die Aachebraue wachsen leise,
doch leider furchtbar bischelweise!
Der dicke Belz im G´sicht – mein Bart -
der is ganz schdachlich – anstatt zart.
Bei de Kotelette un im Ohr,
kummt ach än reecher Hoorwuchs vor!
Un zwische Zeh´ un Achselhöhle,
do kannscht die viele Hoor kaum zehle!
Blooß uf em Kopp, wu mer se braicht,
do werd än Glatz ganz schnell erreicht!

Doch ebbes find ich wunnerschää,
´s sin känni uf de Zung un Zäh!“

Narrheite

Uff uns´rer Welt, ihr liewe Leit,
do gibt es Narre, weit un breit.
Do gibt es junge un ach alte,
nor manche werr´n zum Narre g´halte.

Vum Mittelalter is bekannt,
dass Narre do im ganze Land,
beim Landvocht, Kaiser, Keenich, Ferscht,
d i e Mensche waren, die geherrscht.

So wääs mer ach aus der Geschicht,
dass stets der Narr die Wohret schbricht.
Drum nimmt er ach halt ohne Grund,
bestimmt kä Blatt mehr vor de Mund.

Wann ich so manche Leit betracht,
die vornehm duun un kääner lacht,
die sin, - ich bin als ganz geriehrt -
so ferchterlich introwertiert.

E mol im Johr, do isch´s so weit,
do fangt se a, die Narrezeit.
Do werd gefeiert un gelacht,
ja so verlaaft die Fasenacht.

Ich denk als driwwer nooch un fin´,
dass des die falsche Narre sin.
Net jeder mit der Kapp un Bart,
geheert in so en Elferrat!

Gemurmel

Fer'n Referent is des ä Qual,
wann ä Gemurmel is im Saal,
des fechterlich de Vortraach schdeert,
weil äfach ihm net zugeheert.

Do hinne, in de letschde Bank,
verzehlt die Magret vun ihrm Schrank,
den sie schun zwanzich Johr lang hasst,
weil er net in ihr Wohnung basst.

Die Meiers Bawett gibt kä Ruh:
„Mein Mann, der heert mer gar net zu.
Is kaum dehääm, dann geht er fort".
- Wen wunnert's? - Der kummt net zu Wort!

Die Mannsleit in de letschde Reih',
die hän ä Karteschbiel debei;
verzehlen, des is sicher wohr,
vum Fußballschbiel-Elfmeterdoor.

Am Mikrofon, der Referent,
werd geischdich äfach ausgeblend't.
Kummt der zu Wort net, des is wohr,
kricht doch sei Gaasche dodefor!

De Zeidungskaschde

En Zeidungskaschde, der bezweckt,
dass do drin die Zeidung schdeckt;
dass bei Schnee und Suddelwetter,
drucke bleiwen alle Blätter.

Es is ziemlich allerhand,
wann vum Rhei´ de Wasserstand
sich ergießt, ganz ferschderlich,
morchens frieh am Kaffeedisch.

Ja, es schdeht uns in de Palz,
alsmol es Wasser bis zum Hals.
Mer braucht net drum die rote Zahle
noch furchtbar nass zu unnermale.

Es sin vun mir beschdimmt kä Mugge,
dass die Zeidung immer trucke.
Bei Reche, Schnee un Sunneschei,
do g´hert se in de Kaschde nei!

Missglicktes Zeidungsabbo

Es war grad so zur Mittagszeit,
do hot es Telefon gelait.
Ich heb de Heerer an mei Ohr,
un stell mich mit meim Name vor.
Uf dere annre Seit´ der Leitung,
meld´t sich ä Fraa vun ännre Zeidung:
Sie det mer gern ä Zeidung schenke,
un hawwe breicht ich kä Bedenke.
Ä ganzes Johr lang - wie famos - ,
un dodezu noch koschdelos.
Un hinnenooch, des is kän Scheiß,
koscht sie ach blooß de halwe Preis.

Ich saach ihr dann: „Des is zu schbäät,
weil ich des Blatt net lese deet".

„Was lesen Sie dann, derf mer´s wisse?"
froocht sie un ich saach u´beflisse:
„Sie glawens´s net, doch des is wohr,
mei eichene Gedichte vor! „

Dann hot se schnell un u´gepfleecht,
sofort de Heerer uffgeleecht.

Die Dante aus Amerika

´s hot hoher B´such sich a´gemeld´t.
Die Dante, die will kumme!
Es hot die Fraa mit sehr viel Geld
sich ´s lang schun vorgenumme!
Die Mamme is ganz außer sich,
weil sie sich do druf fräät.
Sie putzt es Haus, macht alles frisch,
dass ´s glänzt un blitze dät!
Es kummt der Daach – jetzt is ´s so weit,
´s is Alles hergericht´
und alles in so korzer Zeit,
´s steht do im rechte Licht.
Die Dante is jo ach schun alt
und det se ämol sterwe,
do kennt mer, denkt de Babbe als,
än Batze Geld noch erwe.
Die Dante, die is kinnerlos
un hot ä großes Haus.
De Babbe, is ihr Neffe blooß,
do schbringt beschdimmt was raus.
Wie mer so beim Verzehle sin,
die Hämrääs vor de Deer,
do geht se zu meim Babbe hin,
ihr Herz is furchtbar schwer.

„Ach Neffe – schää war doch die Zeit,
dass ich eich noch mol g´sääne.
Kannscht du mer fer de Rickfluch heit,
ä bissl Geld noch lehne?"

Adventsstress

Noch fünf Woche zum Johresend,
und do werd ferchderlich gerennt:
De Speicher nuff, de Keller nunner,
wann des net stresst, des wär ä Wunner.

´s is än Adventskranz noch zu kaafe,
muss hortisch in die Stadt nei laafe,
derf die vier Kerze net vergesse,
un brauch noch ´was fer´s Owendesse.

Hab ich den Ständer dann verlegt,
wu schbeeter drin de Chrischtbaam schdeckt?
Sinn Lichterkerze zu ergänze,
die schbeeter mol am Chrischtbaam glänze?

Wu sin die G´schenke dann verschdeckt,
ich hab´se noch net all entdeckt,
die ich in warmer Summerzeit
gekaaft – wu sin´se dann blooß heit? –

Ich hol´die Kripp vum Keller ruff,
´s fehlt blooß de Josef noch fer druff.

Beim Plätzlebacke wär´n am End,
die meischde schiergar agebrennt.
Die Nochbern hot mer abgeroote,
vun G´flichl un vun Rinderbroote.

Hoffentlich is die Rennerei,
in der Adventszeit ball vorbei.
De Chrischtbaam schdeht un alle Leit,
frähn sich uf ruichi Weihnachtszeit.

Nachweihnachtsgrüße

Ist der Weihnachtsstress vorbei,
kann man ohne übertreiben
ruhig seine Karten schreiben.
Allen Menschen, die man mag,
wünscht man dann zum Neujahrstag:
Guten Rutsch und Gottes Segen,
Gesundheit, Wohlstand und sie mögen
mir verzeihen, dass die Christ-
festkarte spät gekommen ist.
Ich glaub´, es wird im nächsten Jahr
genau so sein, wie´s diesmal war!

Zwischen den Jahren

Es liegt dein Jahrbuch jetzt vor dir,
g´rad wie von Geisterhand geschrieben;
nur ein paar Blätter vom Papier,
die sind bis jetzt noch leer geblieben.

Du kannst in diesem Buche lesen,
was so geschehn im letzten Jahr;
und wie es täglich ist gewesen,
ob´s Gutes oder Schlechtes war.

Und gleich daneben wirst du sehen,
ein neues Jahrbuch, das noch blank;
was wird wohl nächstes Jahr geschehen,
nein – keiner weiß es – Gott sei Dank.

Bewahr´ dir Hoffnung und Vertrauen,
sei dankbar stets für jeden Tag;
nicht rückwärts – du sollst vorwärts schauen,
es kommt ja doch, wie´s kommen mag!

Geburtsdaachsgrieß

„Detscht mer net mol ä Gedicht fer de sell oder de jell mache?"
Do soll em doch tatsächlich immer gleich was eifalle.

Nadierlich is es ach schää, emme liewe Bekannte odder Freund was außergewehnliches uf de Geburtsdaach zu schenke. 50 Makrone zum 50. oder en Ämer voll Äppl odder mer dut emol die Weihnachtsg´schicht ä bissl abwannle, weil der Gute am 8. Januar Geburtsdaach hot un losst die drei Käänich zum Gratuliere in Reimform bei ihm vorbeikumme.

Wie oft kummt es vor, dass mer en Geburtsdaach vergisst. Ach dodefor hab ich ä Leesung g´funne.

....un wann mer gar kää Idee fer ä Geburtsdaachsg´schenk hot? Wie wär´s dann mit emme ausg´fallene Gutschoi fer ä Friehschdick odder ä Veschper?

Herzliche
Geburtstagsgrüße

Verspätete Geburtstagsgrüße

Der letzte Monat ist entschwunden,
ein neuer hat sich eingefunden.

Unglaublich, wer in Dorf und Stadt,
auf einmal dann Geburtstag hat.

Mir rasen plötzlich im Galopp,
gar viele Namen durch den Kopp.

Ich wünsch´mir heimlich unterdessen,
nicht einen möchte ich vergessen,
um zum Geburtstagsjubilieren,
ihm fristgerecht zu gratulieren.

Ich nutze jetzt, - und zwar bei Zeit -,
am besten die Gelegenheit,
und schreibe die Geburtstagskarten,
dann braucht auch keiner drauf zu warten.

Kommt diese mit Verspätung an,
liegt´s sicher an dem Briefpostmann!

Doch weiß ich´s nicht so ganz genau,
vielleicht ist´s auch ´ne Briefpostfrau????

Weisheiten

Drei Weise aus dem Morgenland,
mit gutem Herz und viel Verstand,
sind eines Tages - nicht gelogen -,
weit bis nach Bethlehem gezogen.
Sie folgten einem hellen Stern:
ein schwarzer und zwei weiße Herrn.
Kamele , vollbepackt sogar;
- vielleicht auch mit ´nem Dromedar? -
Sie brachten Gold und Weihrauch – gut -,
damit´s im Stall gut riechen tut.
Geschenke, welche furchtbar teuer,
brachten sie zur Geburtstagsfeier.
So kamen sie im Januar,
als die Geburt schon fertig war.
Doch Josef sprach: „Ihr lieben Herrn,
schön, dass ich euch jetzt kennen lern!"
Auch die Maria, ganz beglückt,
war von dem hoh´n Besuch entzückt.
Dem Jesus hab´n sie gratuliert,
wie´s dem Geburtstagskind gebührt.
Josef bedankte sich geschwind,
dass alle drei gekommen sind.
Der Kaspar, Melchior, Balthasar,
die waren nicht mehr lange da,
und sprachen: „In dem Badner Land",
wo eine kleine Wiege stand,
da wo am 8. Januar,
der Werner erst geboren war
„müssten wir noch schnell vorbei,

weil es ein lieber Junge sei".
Der Josef sprach: „Ein böser Schuft,
der macht in Deutschland dicke Luft.
So wie bei uns - Herodes hier - ,
der ist erfüllt von Macht und Gier".
Die Weisen, es ist nicht zu fassen,
haben sich nicht abhalten lassen.
Und mühevoll die Reise war,
für Kaspar, Melchior, Balthasar.

An ihrem Ziele angelangt,
hat Werners Papa sich bedankt,
und die drei Herren hier in Baden
zu gutem Essen eingeladen.
Das schmeckte prima und so fein,
und dazu gab´s noch Pfälzer Wein.

Der Kaspar sprach: „Es tut uns leid,
bei uns´rer Reise, die sehr weit,
Geschenke in der Heil´gen Nacht,
haben nach Bethlehem gebracht".
Und Melchior sprach: „Das Kind ist schön,
das sollte auch nicht leer ausgehn".

Danach bemerkte Balthasar,
der von den drei´n der Klügste war:
„Wir werden ohne viel Bedenken,
dem Kind von uns´rer Weisheit schenken".

Dann haben sie sich wohl bedacht,
auf ihren Rückweg auch gemacht.
Der kleine Werner ward sodann,
ein weiser und gescheiter Mann!

Gummierte Geburtstagsgrüße

Wir schenken, was des Wertes voll,
und was man täglich haben soll;
was sehr flexibel, was sich dehnt,
und etwas, wonach man sich sehnt.

Man kann auf Gummi heut mitnichten,
in vielen Fällen nicht verzichten.
Es wäre eine harte Plag´,
hätt´ man es nicht bei Nacht und Tag.

Der Nicki Lauda und der Schummi,
benützen sicherlich das Gummi.
Bei ihnen kann man es begreifen,
zumindest bei den Gummireifen.

Tom Gottschalk, der nicht mehr so jung,
nimmt Gummi zur Befriedigung.
Er nimmt es meistens bei den Bären,
und wird genüsslich es verzehren.

Der Albrecht Dürer war viel dreister,
„radiert" als alter Zeichenmeister,
in seinen Werken oft herum,
mit Gummi sich die Finger krumm.

Es schmatzt der Ami ziemlich laut,
wenn er an seinem Gummi kaut.
Seit Jahren - man kann es nicht fassen -,
kann er das Gummikau´n nicht lassen.

Steht dir der Schlamm bis zu den Waden,
kann ich dir nur zu einem raten:

Egal ob Kind, ob Frau, ob Mann,
zieh bloß die Gummistiefel an.

Die Unterhose, welch ein Graus,
kommt ohne Gummi gar nicht aus.
Ein Mensch nach neuem Gummi sehnt,
wenn altes etwas ausgedehnt.

Die Hausfrau trägt, teils lang, teils kurz,
zuweilen einen Gummischurz.
Um Körperteile zu verstecken,
zu schützen und nicht zu beflecken.

Ein Mensch, voll Klugheit und Verstand,
erfand den Schuh, der für die Hand.
Man weiß, - und es ist sehr beliebt -,
dass ´s Handschuhs auch in Gummi gibt.

Gar mancher Mann benutzt ihn auch,
zur Sauberkeit, den Gummischlauch.
Fast jede Frau will ihn benutzen,
zum Spritzen und auch mal zum Putzen.

So auch im sexuellen Leben,
muss heute es das Gummi geben.
Ein mancher Singel weiß´s genau,
und liebt sie, seine Gummifrau.

Gar vieler Orts, gegen Vergütung,
erhält man Gummis zur Verhütung.
Nimm stets ein neues, wenn´s beschmutzt
oder auch sehr stark abgenutzt!

So mancher findet´s richtig geil,
mit Hilfe von dem Gummiseil,
sich in die Tiefe dann zu stürzen,
mit einem Kick sein Leben würzen.

Es kann man heute stets mitnichten
auf Gummi gar nicht mehr verzichten:
Drum wollen wir - ohne Bedenken -,
Gummiertes zum Geburtstag schenken!

Makronische Geburtsdaachsgrieß

- 50 Johr - sin net so ohne,
drum kriegschd ach heit 50 Makrone!

- 50 Johr - hoschd net gegammelt,
fer d´ hohe Kant´ was a´gesammelt!

In 50 Johr mit Tück´ un Lischt,
erfunne, was mer net vergisst!

In 50 Johr warschd bös und gut,
was mer halt net verrote dut!

Bleib g´sund - und ich will´s recht betone -:
Geh´ann´re net uff die Makrone!

Platonische Geburtstagsgrüße

Wer eine Frau platonisch liebt,
der kann sie sehr gut leiden.
Der lässt sich, wegen diesem Weib,
auch sicherlich nicht scheiden.

Wer eine Frau platonisch liebt,
der wünscht ihr stets nur Gutes.
Der freut sich sehr, wenn er sie sieht,
ist immer guten Mutes.

Wer eine Frau platonisch liebt,
geht auch mit ihr spazieren.
Denn wie man weiß, platonisch kann,
dabei auch nichts passieren.

Weil du nun heut Geburtstag hast,
will ich dir gratulieren.
Und weil ich dich platonisch lieb,
darf ich dich nicht verführen!

Kleinigkeiten

Im Leben sind ´s oft Kleinigkeiten,
sie fehlen dir zu manchen Zeiten.
Darum hab´ ich scharf nachgedacht
und Kleinigkeiten mitgebracht:

Im Leben fehlt´s - ich glaub´ es schon -,
nur noch ein Cent zur Erstmillion.
Und mit dem zweiten - das ist toll -,
machst du dann noch die zweite voll!

Du musst im Leben viel arbeiten:
Viel leichter geht ´s mit Süßigkeiten.
So habe ich dir mit Bedacht,
was kleines Süßes mitgebracht!

Fehlt dir im Leben etwas Zaster,
nimm ´s leicht mit dieses Trostes Pflaster!
Liegt dir das Essen schwer im Magen,
weil er die Menge nicht vertragen,
dann mach es wie die alten Ritter
und trinke diesen Magenbitter!

Ich schenke dir des Markes Knochen,
damit kannst du ein Süppchen kochen
und du wirst sehen, dass man dann,
die Zähne sich ausbeißen kann!

Die Glocke hier, soll dich nicht stören:
damit kannst du was läuten hören.
Sind dir einmal die Tränen nah,
benutze dieses „Tempo" da!

Es soll der Mensch stets sauber bleiben:
Mit dieser Seife sich einreiben.
Damit brauchst du dich nicht verkriechen,
danach wirst du ganz prima riechen!

Es braucht der Papst es nicht in Rom,
vielleicht brauchst du es, - das Kondom -.
Ich lasse dich darüber brüten,
mann kann damit nicht nur verhüten!

Brennt dir das Hinterteil wie Feuer:
Nimm „HAKLE-Feucht", das ist nicht teuer.
Ein großer Mensch, das find ich toll,
auch mal was Kleines haben soll!

Zum Schluss will ich dich noch beglücken:
- mit einem Gutschein zum Frühstücken -.

Geburtstagsqualen

Von dem Kopfe bis zum Bauch, von den Füßen bis zum Arsche
sollst erleben solchen Schlauch, eine tolle Thai-Massage.
Man wird dich mit Füßen treten und mit Fäusten dich bekneten,
auf der Pritsche sollst du liegen, Todesängste sollst du kriegen,
asiatisch und voll Kraft wird an dir herumgeschafft!
Ewig soll es dir gedenken, dieses aller erste Mal;
drum will ich dir Gutes schenken, diese Körper-Höllenqual.

Ist die ganze Stund´ zu Ende und du spürst all deine Glieder,
wünschst du dir dann ganz behände: „So was Tolles brauch ich wieder"!

Veräppelte Geburtsdaachsgrieß

Schuld sinn die Äppel, - kannscht mer´s glääwe -.
Wie paradiesisch wär doch ´s Läwe!
Bloß weil die Eva, die dumm Nuss,
den Adam dort verführe muss...?
Anstatt mit änre Quetsch, wie üblich,
nimmt sie en Appel - wie betrüblich -.
So war´s halt mol - un mit d e r Scheiße -
hänn mir uns heit noch rumzureiße.
Doch manche Äppel - muss ich saache -,
mer soll do driwwer ach net klache;
die können em nooch dem genießen,
es Läwe sicherlich versieße:
Egal ob grie, ob gäl, ob rot,
mer frisst sich manchmol halwer dot.
Un weil du 50 Herbschde alt,
kriegschd 50 Äppel, die bezahlt.
Sie sinn kä Fallobst, net geklaut,
sie sinn ach net mit Dreck versaut.
Sie sinn geschmacklich zwar verschiede,
sie passen ach net in die Tüte.
Drum is des Obst mit viel Bedacht,
in emme Emer hergebracht.
Un des Behältnis is gedenkt,
dass mer´s ach zum Geburtsdaach schenkt.
Mir kennen dich so prima leide.
En jeder Appel soll bedeite:
En Wunsch, der Gutes nur bescheert,
bis dass der Emer ganz entleert.

Willschd du dei Männl mol verführe,
do brauchschd de dich net zu scheniere.
Do brauchschde de dich ach net zu schämme,
du muschd bloß so en Appel nemme !

Noochdenklich un besinnlich

Es gibt doch tatsächlich Mensche, die määnen, ich hett blooß Bleedsinn im Kopp. Awwer dass des net immer so is, will ich in dem Kapitel mol widderleeche.

Kannscht der des vorschdelle?

Er is en Drecksack ohnesgleiche!
Was hot der mir blooß agedu?
Daachdäächlich g´hert der jo verschlache,
det der jetzt sterwe, dann wär Ruh!

Was hab ich unner dem gelitte
un hab mich bisher so gebloocht,
kä Sau hot mir debei geholfe
un´s hot ach kääner do nooch g´froocht!

So ferchterlich sin mei Gedanke.
Des halt ich jo im Kopp net aus.
Un wann ich mir des iwwerleecht hab,
do kummt jo ganz was annres raus!

Hot wer uf dere bucklich Welt
so was vielleicht vun mir gedenkt,
weil ich´m bisher in meim Lewe
am End nix Gutes hab geschenkt?

Ich derf des gar net weiter spinne.
War des vielleicht ach werklich so?
Un wann ich mir des so mol vorschdell,
wär ich bschdimmt lang schun nimmi do!

76

Die bees Bawett

Die Bawett is ä beeses Weib,
des muss mer grad mol saache:
Sie schilt blooß fer zum Zeitvertreib
un dut sich net vertraache!
Es gibt kän Mensch in unserm Ort,
den sie gut leide kann,
sie jaacht selbscht alle Kinner fort
un faucht se ach noch an!
Känn Freier war ihr gut genuuch
in ihre junge Johr,
sie duld't netmol de klänschde B´such;
so was kam laufend vor!

Sie war ä mol ä hibsches Ding,
mit langer blonder Mähne,
un ä Figierle hot se g´hat,
sie hot halt gut ausg´sähne!
Beim Danze hot se Feier g´hat
un haufich Temprament!
Sie war die schänscht in unsrer Stadt,
wann du se hoscht gekennt!

Un wann se heit so vor dir siehscht -
defu is nix gebliwwe!
Sie war´s - un sie is noch ä Biescht -,
so wie ich des beschriwwe!

Wann sie mol schbeeter nimmi kann,
dann hot sie´s sicher schwer,
denn so was will uf unsrer Welt
beschdimmt kän Deiwel mehr!

De beese Daniel

´s war vorm Schulhaus morchens frieh,
mit korze Hose, blanke Knie,
geh bei de Mamme an de Hand,
dann trifft mer Leit so allerhand:

Do kummt ä Fraa, ganz u´scheniert,
die ach än Pimpf schbaziere fiehrt.
Un wie´s so is, uf dere Welt,
die Weibsleit hän sofort verzehlt.
Un wie ich do schdeh - wääs net wie -,
bumbt mir der Pimpf glei änni hie!
Ich loss än Kreischer los ganz laut,
der Kerl hot mir de Daach versaut!

Net lang, do kummt die Oschderzeit,
und ach mei Schuldutt licht bereit:
Mit lauter feine, sieße Sache,
die wu ems Lewe leichter mache.
De erschde Schuldaach der beginnt,
des Lewens Ernschd sein Afang find.
Ich guck mich um in meinre Klass,
uf ämol kriech ich so än Hass:
Der beese Pimpf, des glaabt mer kaum,
sitz jetzt ach noch im selwe Raum.
Damit die Lehrerin uns kennt,
hot sie beim Name uns genennt.
Un wie se Daniel ruft, do anne,
do isch der Pimpf gleich uffgeschdanne.
Un all die Johr, - des glabt mer norre -,
isch Daniel net viel bräver worre.
De Rohrstock war sei täglich Brot,
sei Finger war´n als purpurrot,
des alles schdeckt er äfach weg,
er war so frech, wie Gassedreck!

´s war ach ken Schieler uf de Penne,
der wu ihn gut hot leide känne!
So ferchderlich war als sei Treiwe,
un manchmol musst er hocke bleiwe!

Un viele Johr nooch denne Bosse,
hot mer ihn aus de Schul entlosse.
Die Zeit ist furchtbar schnell verloffe,
do hab de Daniel ich getroffe.

„Na", - saach ich -, am Voriwwergehe:
„ich hab dich lang schun nimmi g´sehe!
Wie geht dir´s dann, nach langer Zeit?"
Do klaacht er mer sei ganzes Leid:
„Bassiert sin mir so beese Sache",
saacht er, „un des is net zum Lache":

"Ich hab gemäänt, wann ich gefreit,
es gäb ä wunnerschääni Zeit!
Kaum war die Hochzichnacht verflooche,
hot mich des Weibsbild glei betrooche!
Ich glaabt, ich wär de Herr im Haus?
Doch die Geschicht ging annerscht aus".

Ich heert ihm noch ä Zeit lang zu,
dann hot er mir ach lääd gedu.
Er hot mich gar nimmie gebumt
und hot mich ach noch net mol g´schdumpt.

Sei Boosheit, so wie ich es b´schriwwe,
hot ihm sei Eheweib vertriwwe!

Un was kän Rohrschdock hot gebracht,
hot sie erreicht grad iwwer Nacht!

Bin ich än Held?

Wer ist eichentlich än Held?

Is än Held än Mensch, der emme annere es Lewe gerett hot?
Is es vielleicht jemand, der im Kriech viel Mensche erschosse hot?
Oder is es jemand, der's Maul uffmacht, wann känner 's Herz hot, was zu
saache, wann enner was saacht?

An emme schääne Owend ruft mei Dochter pletzlich:
„Babba, Babba, kumm schnell ruff in mei Zimmer!"

Weil des so dringend geklunge hot, bin ich ach gleich die Trepp nuff
gerennt.

„Babba, Babba, guck ä mol: Do is ä großi, fetti Schbinn! Kannscht die net
weg mache?"

Hab ich meiner Dochter jemols so än Wunsch abschlache känne?

- Nä – un ich hab se weg gemacht: - die groß - fett - Schbinn.

Do guckt mer des Mädl dief in die Aache, lächelt mich a un saacht: „Babba,
du bischt mein Held"!

Bin ich jetzt än Held, obwohl ich noch kämme Mensch es Lewe gerett hab?
Bin ich vielleicht än Held, wu ich doch, - Gott sei Dank – net im Kriech war?
Bin ich vielleicht doch än Held, wann ich ach nie 's Herz g'habt hab, 's Maul
uffzumache, wann sich ach kän annerer getraut hot?

- Ja - ich glaab, ich bin en Held!

Un nur desweeche, weil's mei Dochter zu mir g'saacht hot.

Und des dut mir heit not gut!

Was nitzt´s

Was suchscht du blooß am Hindukusch?
Odder vielleicht sogar im Busch?
Was machscht du dort mit em Gewehr?
Un deinre Fraa fehlscht du so sehr!

Dei Dechterle, die ganz klää Grott,
die furchtbar Sehnsucht nooch dir hot,
un ach dein Sohn, der klääne Schelm,
winscht sich än Babba uhne Helm!
Dei Fraa, die sieht dich als im Drääm,
du kämscht zu ihr als Krippl hääm!

Was nitzt der Sold, des viele Geld,
bringt mer dich hääm - als dooter Held?

ZIVI-Zeit´s Ende

Sie ist vorbei, die Zivi-Zeit, die Zeit mit tausenden Gefühlen,
die Zeit, die nützlich ward verbrach, anstatt nur Krieg zu spielen.

Sie ist vorbei, die Zivi-Zeit, die Zeit mit tausenden Gedanken,
die zwischen Freude, zwischen Leid, in Reigen gehn und schwanken.

Sie ist vorbei, die Zivi-Zeit, es gilt zu gehn – nicht bleiben -
es wird die Zeit wohl lebenslang, sich ins Gedächtnis schreiben !

Warum?

Was hoscht du mich so frieh verlosse?
Du warscht doch noch so jung!
Es änzigschde, was mir noch bleibt,
is die Erinnerung!

Was hän mir alles vorgehabt,
die Zukunft war so nooh.
Wie mir´s gedenkt, hot´s net geklappt,
un jetzt bischt nimmi do!

Die Krankheit, die viel stärker war,
die is so plötzlich kumme;
ich hab dich ach net hewe känne,
dich hot mer mir genumme!

Rindvieh un Maulwelwer

Ich wääß, es war beschdimmt net schää, un´s wär ach ball vergesse;
det net des Gas, wu driwwer wachst, ä Rindvieh als wegfresse.
Ja, ännre kann mer nix mer dra, doch des kann mer mir glaawe:
Muss mer dann laufend maulworfartisch im selwe Grund rumgrawe?

Mer wääß jo net, was alles kummt, denn des steht in de Sterne;
vun dem – was leider halt bassiert – is vielleicht was zu lerne!

Frooche um Frooche

Do schdeh ich vor deim kühle Grab
un hab noch so viel Frooche,
die mich ä ganzi zeitlang schun
als immer widder plooche.

Zu lebdaach hab ich zu dir g'saacht,
uhne zu iwwertreiwe:
„Du hättscht doch aus deim Lewe bschdimmt,
gar Vieles uffzuschreiwe!"

Wie schad, 's hot leider nix genitzt,
ein Wunsch, der war vergebens,
du warscht jo domols geischdich fit,
im Herbschte deines Lewens.

's gibt känner, den ich frooche kann,
die Mamme lebt net mehr!
De Unkel is ach nimmi do,
ihr fehlen mir so sehr!

So wie es mir jetzt grad ergeht,
geht's viele annre noch:
's gibt Sache, wu's kä Antwort gibt,
un weiter geht es doch!

Altes Haus

Es steht in unserm Dorf ä Haus.
Do guckt jetzt niemand mehr eraus!
Du siehscht do drin ach känner laafe!
Uf emme Schild schdeht: „zu verkaafe".

Ich wääß, vor viele, viele Johre,
is mein Großvatter drin gebore.
Sei Fraa, die Lisset, - net geloche -,
hot drin acht Kinner groß gezoche!

Doch jetzt sieht Babba´s Elternhaus
vun auße runnerkumme aus.
Ach ich bin jetzt nimmi so jung,
bewahr mir die Erinnerung.

Es is ach werklich zu bedaure,
was uns die alte, dicke Maure,
vun frieher zu verzehle hätte,
doch die sind leider net zu rette.

Verkalkt sin all die Wasserrohre,
die Böde morsch, des glaabt mer norre!
Es dut em weh, wann mer des sieht,
wie so ä Bauwerk is verblieht!

Blooß noch ä Foto werd gemacht,
bevor ´s Gebälk zusamme kracht,
de Schutt, der werd wegtransportiert
vum Haus, wu frieher d´ Schtrooß geziert!

Stadtschreiber´s Abschied

Nicht Kirchenfürst, nicht Stadtrat´s Ehr´,
Haben mich über Nacht
Für´s Owwergässer Winzerfest
Zum Stadtschreiber gemacht.
Die dunklen Augen einer Frau,
Mit pechschwarz´ langem Haar,
Sie sagte: „Du sollst Schreiber sein!"
Legt´ Schreibwerkzeug mir dar.
Ich konnte ihr nicht widersteh´n
Und willigte mit ein.
Erlernt´ein neues ABC,
So sollt´es nun mal sein.
Sybilla - nennt man dieses Weib,
Das mich zutiefst berührt
Und mich als schöner Zeitvertreib
Zum Schreiben hat verführt!
Ich schrieb so gern mit ganzer Kraft
Von Freud´und Herzeleid,
Von Liebe und was man so schafft,
Und schnell verging die Zeit!
Viel Volk hab ich dabei betracht´,
Die Huldigung mir zollten:
Zum Lachen hab ich sie gebracht,
auch wenn sie es nicht wollten!
Es war die Zeit im kleinen Dorf
Ganz sicher nicht vergebens.
Es wurden all um mich herum
Ein Anteil meines Lebens!
Und bittet mich der Sensenmann
Einmal um sein Geleit,
Dann schreib´ich ihm mit letzter Kraft:
„Es war ´ne schöne Zeit.

´s letschde Plätzl

Do owwe in de Waldesruh,
do gibt´s ä Plätzl, heer mol zu:
Do is der Platz, wu mer nix braucht,
wann mer sei Lewe ausgehaucht!
Des is än Platz vor alle Dinge,
wu morchens frieh die Vechel singe!
Ich frää mich, wann ich dir ach dann
mein Lewenslauf verzehle kann!
Du heerscht mer zu - un laafscht net fort -
an so em wunnerschäne Ort!
Ich deet dir ä Gedichtl mache
un noch viel annre schääne Sache!
Ich geh dir ach net uf de Nerv,
wann ich dann bei dir schloofe derf!

Mein allerletschder Wille

Wann nix mehr vun mir iwwrich bleibt,
als nur än Pott voll Asche,
dann lest als ä Gedicht vun mir
un trinkt was aus de Flasche!

Heilt mir ach bloß kä Träne nooch
un nemmt mer nix ver iwwl,
haacht eich ä Rumschdeck in die Pann,
un heilt weche de Zwiwwl!

Habt ihr im Lewe manchmol Stress,
dann denkt als ab un zu:
„Der arme Kerl hot's hinner sich
un hot jetzt endlich Ruh!"

Hauptsach g´schafft – rund ums g´schäftliche Lewe

In unserer G´schäftswelt werren mitunner sehr druckene Ausdrick un en scharfer Ton zu Papier gebrocht. Dass mer allerdings mit ä bissl Humor machmol mehr erreiche kann, hot sich in meine 35jährige Selbschtschdändichkeit ab un zu gezeicht.

....awwer ´s basst halt net immer un iwwerall.

Sogar ä quietschendi Badezimmerdeer kann mer mit emme Lächle und ä paar gereimte Wörter reklamiere.
Die greescht Frääd hot mir mol än Herschdeller vun Kaminöfe gemacht, dem ich in Reimform dargelecht hab, warum ich eichentlich net bei ihm eikaafe du. Kaum ä Woch schbeeter war ach die Antwort in meim Briefkasche – in Reimform.

Net zu glaawe

Bis Owwerkante Unnerlipp
steht mir´s, - ´s Maß is jetzt voll!
Ich wääß nimmi, wie´s weiter geht,
was ich noch mache soll!
´s is Zeit defor – ich muss jetzt raus -
raus, aus dem alte Trott,
dass mer vun demme bissl Lewe
noch ebbes Schänes hot!

De Koffer schnell sofort gepackt
un nix wie nei ins Auto!
Am beschde fahr ich ganz weit fort
un des inkognito.
Ich fahr fascht bis ans End der Welt,
do wu mich kääner kennt,
wu kääner saacht: „Sin sie ach do?"
un mich beim Name nennt!

Gesaacht – getan – ich bin jetzt fort!
Wie is´s dort ruchig un schää!
Du heerscht als mol än Vochl zwitschre,
sunscht bischt du fascht allää!
Uf ämol – nä, ich seh net recht –
wer laaft mer do entgeche?
En Kumpel is´s, aus alter Zeit,
der kummt mir ugeleche!

„Wie geht dir´s dann, du altes Haus?"
ruft er, der alte Haffe.
„Was suchscht du dann am End der Welt,
hoscht nix dehääm zu schaffe?"

´s Lädl

Newer de Kerch in unserm Dorf,
do findscht es klääne Lädl.
Wann´d schnell was brauchscht,
dann laafscht du hi,
odder du fahrscht mi´m Rädl!

Do triffscht du Leit, wu´d sunscht net siehscht,
un schdehscht mol in de Schlang.
Ja, do werd´s Neieschde verzehlt,
die Zeit werd dir net lang!

Un newe, - in der klääne Eck -,
bestuhlt, do gibt´s Kaffee.
Frieh morchens sitzt en Mann am Disch,
den wu ich öfters seh!
Ich wääß wohl nimmi, wie er hääßt,
wääß blooß, wuher er war,
er gheert, wie´s ganze Innelewe,
ball fascht zum Inventar!

Wie traurich isch´s im Einkaafsmarkt,
draus uf de griene Wiss,
do kennscht kaum ääner in de Schlang,
und wääscht net, wer wer is!

Pundweis iwwerlebt

Beim Rechne, in de dritte Klass, ´s war in de 50er Johr,
do rechne mer mit Kilogramm un ach es Pund kummt vor.

Ä Pund, des sin 500 Gramm, egal, was du ach wiechscht,
ob du im G´schäft ä rundes Brot oder ä Fläschworscht kriegscht.

De Lehrer saachte domols uns: "Das Pfund wird liquidiert!
Wir rechnen nur mit Kilogramm, wenn man ´s Gewicht addiert!"

Der Lehrer lebt schun lang nimmie, ´s Schulhaus´is abgeriss´.
Es war dem Sparkass-Neibau halt ä großes Hinnernis.

Ach ´s letscht Johrhunnert ist schun rum un ´s Pund is als noch do,
de Euro hot die Mark verdrängt, ´s is halt im Lewe so.

Kaafscht du dir heit ä Lääwl Brot, ob länglich oder rund´,
du willscht kä halwes Kilogramm, du willscht ä ganzes Pund!

Erfinders Los

Wie war doch schlaflos seine Nacht,
als er sie hat zur Welt gebracht.
Erst die Idee und die Gedanken;
auf einmal sah er viele Schranken.
Dann schien die Lösung gar nicht weit
und alles kostet´ sehr viel Zeit.

Als ausgereift das Ziel kam bald,
war´s Zeit für den Patentanwalt.
Und wie´s so ist auf dieser Welt,
kriegt der als Vorschuss erst mal Geld.
Monate vergehn, die Zeit vereilt,
bis das Patent endlich erteilt.
Nun fragt man sich, wie sich´s gebührt,
wer das Erfund´ne produziert?

Hat sich ein Fabrikant gefunden,
der der Erfindung ist verbunden?
Dann ist es wirklich zu begrüßen,
dass endlich mal Moneten fließen!
Doch meistens, – das ist großer Mist –,
weiß keins, wer der Erfinder ist!

Doch manch´ Erfindung, die erdacht,
wurde zum Unheil über Nacht!

De Iban, Bic un Swift

Schbucke känntich Gall un Gift,
denk an Iban, Bic un Swift.
Ach, was sin des doch fer Quale:
Haufich Buchstawe un Zahle.

Willscht du mol was iwwerweise,
muscht der erschtmol´s Hern verreiße!
´s is net jedem Mensch sei Stärke,
soviel Zahle sich zu merke!

Sitzschd du dann, ob frieh ob spat,
in de Bank vorm Automat,
odder, - vielleicht ausgeruhter -,
gar dehäm vor deim Compjuter.
Konzentrierscht dich mit Bedacht,
dass mer ach kän Fehler macht!

Wann vielleicht än Zahledreher,
oder falsche Zahle eher,
emme annre Mensch, ganz dreist,
ebbes Großgeld überweist!
Un der wu es kriege soll,
hot uf dich en großer Groll!

Kontrollier´ und prüf nor gut,
bevor mer iwwerweise dut!
Reg dich net uf bei dene Sache,
denn ganz Europa muss des mache!

Was mer wää´ß,
was mer wisse sollt´!

Schää is es, wann mer Kinner hot,
die viele Sache wisse´,
die mer im Lewe nie gelernt,
do geht´s em alsmol b´schisse!

Wann mer g´rad vorm Compjuter hockt,
dem g´scheite Deiwelskaschde,
mer wääß grad´net, wie ´s weiter geht
un fangt a auszuraschde.

„Ach, Kind, wääscht du wie´s weiter geht,
bin mit ´m Latein am End?"
Du drickscht ä Taschdereihefolch,
wu ich noch nie gekennt.

Un wie ´s Gewitter, ´s klappt die Sach´,
ich bin jo ganz perplext.
Es geht uf ämol, ´s glaabt mer net,
des flutscht jo, wie gehext!

„Ich hab dir frieher viel gezeicht,
des war mei großes Glick.
Du hilfscht mer heit un gibscht dobei
d e i Wisse mir zurick!"

Nur ein Tropfen

Ein Tropfen Öl auf dieser Welt,
der kostet meist nur wenig Geld.
Doch so ein Tropfen schafft mitunter
bei der Verwendung - wahre Wunder.

In dem Salat, auch im Motor,
und auch beim Heizöl kommt er vor.
Je nach Dosierung, ganz beliebig,
ist er besonders sehr ergiebig.

In meinem Zimmer im Hotel,
da knarrt die Tür zum Bad - ganz grell -
und schreit im Raume 5 0 7:
„Wo ist der Tropfen Öl geblieben?"
Erbärmlich knarrt die Tür und laut,
dass einem es dabei ergraut.

Bei Tag und Nacht, die Tür sich quält,
weil keiner kommt, der sie mal ölt!

Schlafender Brief

Es liegt ein Brief, bei einer Kammer,
auf einem Schreibtisch, – welch ein Jammer -,
geraume Zeit schon unter Listen
und muss dort nun sein Dasein fristen.

Und keiner denkt seitdem daran,
dass man es bald besorgen kann.
Der, der den Brief schrieb, der dort liegt,
der wartet, bis er Antwort kriegt.

In einer anderen Abteilung,
da ist ein Brief ohne Verweilung.
Der wird verschickt, weil er noch jung,
d´rauf steht „Zahlungserinnerung".

Schnell geht der Brief dort auf die Reis´,
weil er vom andren Brief nichts weiß.

Und weil´s so ist, auf dieser Welt,
wartet die Kammer noch auf´s Geld!

Der Sachverständige

Es steht ein Mensch mit Sachverstand
vor dem Gericht, in unser`m Land.
Er ist ein Mensch, ein sehr gefragter,
als Kläger, nicht oder Beklagter!

Zur Sache soll er, wie wir seh´n,
stets Rede und auch Antwort steh`n.
Er soll dabei auch unbeflissen,
an diesem Ort fast alles wissen
und soll auf die Juristenfragen,
stets immer nur die Wahrheit sagen!

Wird er sein Wissen niederschreiben,
muss er auch unparteiisch bleiben.
Hegt sich in seinem Innern Groll,
er stets nur ruhig bleiben soll.
Lässt sich nicht aus der Ruhe bringen
und **d e n k t** an Götz von Berlichingen!

Auch wenn man manchmal ihn beleidigt,
der Mensch ist schließlich ja vereidigt!

Buchhaltungsdracular

Standhaft, fest und fürchterlich,
steht in dem Büro ein Tisch,
der das Heim von einem Wesen,
von dem niemand hat gelesen,
unsichtbar und unbeweibt,
grausig schlimme Sachen treibt!

Jeden Morgen in der Frühe,
- der Buchhalter gibt sich Mühe -,
oder die Buchführungsfee
ordnet Schreibtisch, kocht Kaffee.
Das Papier kommt alle Tage,
in Papierkorb und Ablage!

Ganz exakt und sehr präzise,
ist die menschliche Devise!
Zwischen Ordnern und Regalen,
kommt es oft zu Höllenqualen,
wenn das vor genannte Wesen,
kehrt mit Differenzenbesen!

Rote Zahlen in Journalen,
Debitoren nicht bezahlen,
Steuerschuld und Kreditoren,
Fehlbeträge in Tressoren,
Steuerprüfung ohne Ende,
Finanzgesetze füllen Bände!

Sag´, wer ist nur daran schuld?
Fast verliert man die Geduld!
Dieses Unheil im Büro,
macht nicht glücklich, macht nicht froh!
Er ist immer wieder da, der B u c h h a l t u n g s d r a c u l a r !!!!

Lieber Ofenfreund,

wie schön ist es zur Winterzeit,
wenn´s draußen kalt ist und auch schneit.
Und wenn man sich hier, dann und wann,
an diesem Ofen wärmen kann.
Bei Feuerschein und Holzesglut -
fühle dich wohl, es geht dir gut!
Doch merk´dir, bei des Feuers Licht,
- heiz´, - aber überheiz´ mich nicht.
Zünd´ erst ein kleines Feuer an,
damit ich funktionieren kann!
Verbrenne stets, aus gutem Grund
zwei bis drei Kilo Holz pro Stund`.
Das reicht bestimmt, dass ich am Ende,
dir wohlig warme Wärme spende!
Verheizt du mehr, oh welch ein Graus,
wirfst du viel Geld zum Fenster ´raus.
Ich denke doch, dass du nicht willst,
dass all das Eis am Nordpol schmilzt!
Um eines noch, das bitt´ ich sehr,
mach auch den Aschekasten leer!
Mein Freund, lies bitte nicht nur Zeitung ,
lies auch mal die Gebrauchsanleitung!
Lass´ dir beim Heizen ruhig Zeit,
dann schenk ich dir Gemütlichkeit!
Nimm dies zu Herzen, dass am Ende
ich dir nur schöne Stunden schenke!

Anmerkung: die stündlich zu verheizende Brennstoffmenge ist der Bedienungsanleitung zu entnehmen
und richtet sich nach dem Ofentyp und der Heizleistung!

Zum gute Schluss – Anekdote -

Will ich noch ä paar heitere Anekdoten verzehle und als Allerletschdes mol auffzeiche, was so ä Verkaiferin oder Verkaifer aushalte muss, wann so än Stinkstiffl - wie ich - vor de Ladethek schteht. Und mit em „Sauschwänzel" ä Rickschau, wie des sei kann, wann än G´schäftsmann oder ä Geschäftsfraa ehrn Lade fer immer zumacht.

Erschdi Erfahrung

Mei erschdi Erfahrung - als Änzelkind - mit dem weiblische G´schlecht hot eichentlich schun arich frieh bei mir a´gfange - nämlich im Kinnergaade - .

En rechter Raufbold war ich jo noch nie un weil mir denne Buwe ehr Spielche zu wild waren, hab ich mich am liebschde bei de Mädle rumgedrickt. Des war in dem Alter noch ä agenehmie Sach, weil die nämlich, vun meiner Asicht her, noch net im Zickealter waren.

An ämme schäne Daach bin ich an de Hand vun de Mamme eikaafe gewest. Un wie mer am Altpörtel vorbei geloffe sin, is do grad ä Fraa mit ihr´m rothoorische Dechterle, mit wunnerschääne Locke, vorbei kumme un hot g´sacht: „Is des des Biewl, wu dich im Kinnergaade immer verkisse will?" Die Folch vun dem Vorfall war die, dass ich irchendwann nimmi in de Kinnergaade gederft hab. Uf Weihnachte hab ich ä Bobbekich vum Chrischtkinnl gebrocht kricht. Awwer allää dodemit zu spiele hot ach känn Spass gemacht.

Awwer umsunscht war die Bobbekich doch net ganz, denn als ich dann sechs Johr alt war, is mei Schweschder uf die Welt kumme!

Die Großmutter war mir net zu schad fer folchendes Gedicht mit emme
Foto vun de Großmutter, wu grad´die uffg´schlache Zeidung vor sich hot:

Großmama liest Zeitung

Die Großmama steht sehr früh auf
Und holt danach die Zeitung rauf,
Denn sie ist sehr interessiert,
Was in der weiten Welt passiert.
Sie sieht´s als eine ihrer Pflichten,
Bei uns zum Frühstück zu berichten.
Die Nachrichten aus Stadt und Land
Sind uns danach sehr wohl bekannt.
Oma gibt täglich den Report
Und dann gehen wir zur Arbeit fort.

Der Minirock

Wie war's in Deutschland doch vordem,
Ohne den Minirock bequem.
Mann konnt' noch freier sich bewegen
Und braucht' nicht so das Knie zu pflegen.

Aus London, der zweitgrößten Stadt,
Wo man die schönsten Beine hat,
Wurde das Röckchen importiert
Und auch bei uns hier eingeführt.

Die Oma kriegte einen Schock,
Als sie ihn sah, den Minirock.
Jedoch die junge Gen'ration,
Sie liebt ihn und sie spricht davon.

Nicht nur in Deutschland ist es so;
Auch in Paris und anderswo.
Die ganze Welt ist interessiert,
Wie einen Playboy man verführt.

Wie steht es mit der Existenz?
Es bleibt nicht immer dieser Lenz.
Ob wohl die Mode Abschied nimmt?
Der nächste Winter kommt bestimmt.

Im Sommer war der Stoff sehr dünn,
Im Winter ist er immerhin
Aus Kammgarn und aus Wolle.
Kurz – sonst spielt´s keine Rolle.

Das ist des Minirock´s Ballade.
Wenn´s ihn nicht gäb´, dann wär es schade.
Um der Jugend Wundertraum.
Sitzt nächst´ Jahr noch so hoch der Saum?

Uf die Art un Weis´, hab ich als mei Daschegeld ä bissl ufgebessert. „Die RHEINPFALZ"- Zeidung hot mer domols 15 Mark bezahlt. Un domit hab ich mindeschdens zwämol mehr ins Kino gehe kenne!
..........odder ämol zu zwät.

Dauerhafti Beschilderung

In Edekowwe find´t jedes Johr ä Weifescht statt, es „Owwergässer". Des find´t mer in de Kloschderschdrooß.

Ganz am End vun dere Kloschderschrooß, entlang vun dere hoche Sandschdäämauer vum Kloschder, werd als ä mittelalterliches „Dorf" ufgebaut. Do sin alte Handwerkskinschtler, Feierschlucker, än Pranger un annere Sache zu sehe. Dort war ich vor Johre als Stadtschreiber an meim Stehpult g´schdanne un wann jemand kumme ist un ä Schild odder ä Gedichtl g´schriwwe hawwe wolt, hab ich des ach geche än kläner Obolus gemacht – nadierlich in kaligrafischer Schääschrift un machmol ach mit de Gänsefedder.

Es war noch zu der Zeit, wu mer mit de Mark bezahlt hot.

An emme sunnische Noochmittach, - ich wääses noch, wie wann´s geschdern gewest wär –, kummt ä gewandetes junges Mädl, ich nenn se mol jetzt Hanna, vun vielleicht dreizeh Johr zu mir ans Pult. Sie lächelt mich an un froocht: „Stadtschreiwer, detscht du mir ä Schild schreiwe, wu ich an mei Zimmerdeer dehääm hänge kann, dass net jeder neidappt?"""Awwer sicher, Mädl," hab ich g´saacht „ich schreib dir des erscht mol im Konzept uf ä schdickl Papier, des duscht der durchlese un wann´d eiverstanne bischt, schreib ich des in schääner Schrift uf ä neies Blatt":

Jedmögliches Gesindel möge sich vom Germach der Jungfrau Hanna fernhalten, damit der Fluch ihn nicht treffe!

Sie liest den Text durch, guckt mich froochend an und saacht: „Stadtschreiwer, kann mer des Wort *Jungfrau"* net weglosse? - Des Schild soll jo schließlich noch länger halte!"

Neilich, - als mer inzwische mit Euro zahle derf, - hab ich se im Suppermarkt getroffe. Ich hätt´ se fascht nimmi gekennt. Dann hab ich se g´froocht, ob se des Schild noch an de Zimmerdeer hänge hot, „Awwer sicher" hab ich zur Antwort kriecht. ………..ä weiteri Frooch hab ich als Kavalier jedoch net g´schdellt.

Emotional pälzisch

Seit 14 Johr bin ich öffentlich beschdellter un vereidichter Sachver-
ständicher in meim Handwerksberuf als Kachelofe- und Luftheizungs-
bauermäschder.

An emme schäne Daach war ich in ännere Kläästadt in de Siedpalz uf's
Gericht gelaade, um mei schriftliches Gutachte mindlich zu erläutere.

Wie des in so emme Gerichtssaal aussieht, wääs vielleicht net jeder: Die
Sitzgelechenheite sin in U-Form uffg'stellt. Links un rechts nemmen die
Klächer- un Beklaachteparteien mit ihre Rechtsawält Platz. Vorne sitzt de
Vorsitzende, de Richter, oder vielleicht ach ä Richterin. Un dem Richter
gecheniwwer, zwische denne Awält, is än Stuhl mit Disch: Do derf de
Sachverständische Platz nemme.

Bei der Verhandlung hot ä jungi, hibschi Richterin die Verhandlung g'fiert.
Un als Sachverständischer soll mer die g'stellte Frooch so beantworte,
dass es en Laie gut verstehe kann. Weil ich die Frooch mit ännere Skizze
verdeitliche wollt, hab ich drum gebete, die Skizze am Richterdisch zu
mache. Damit alle die verdeitlichend' Skizze gleichzeitich agucke können
waren ach die Rechtsawält denewe un hän zugeguckt.

Bei meinere emotionale Erklärung bin ich äfach so ins Pälzische abgewiche
und die Richterin hot mich aschließend sehr freundlich gebete: „Herr
Sachverständiger, würden Sie bitte Ihre Erläuterungen ins Mikrofon
diktieren? - Ich habe ihr Pfälzisch nicht verstanden!" - Dann hab ich des in
eiwandfreiem Hochdeitsch ins Mikrofon diktiert.

Ich hab jo schließlich net gewisst, dass die Fraa Richterin kä Pälzisch kann!

Die Spichelbrezel

Wann ich als mit em Auto unnerwegs war, is als ämol de klääne Hunger ufkumme. Dann bin ich halt in die nächschd beschd Bäckerei un hab geguckt, ob ich als alter Speyerer Brezelbu irchendwu noch ä Brezel zu kaafe krich.

Die Gschäftswelt schafft nadierlich mit allermechliche Tricks, ihr Ware azupreise un än guter Eidruck zu mache. Dozu g'heren bassende Platzierung der Ware, Sonderagebote und nadierlich ach Spichel.

Wie ich jetzt in der Bäckerei steh, seh ich hinne uf dem Regal zwä Brezzle liche.

Dann hab ich zu dere nette Verkaiferin g'sacht: „Ich hätt' gerne die zwää Brezle".

„Des is awwer blooß äni," hot se mer geantwort.

Weil die Brezel vorm Spichel geleche is, hot des wie zwää ausg'sehe.

„Ei, dann nemm ich halt die änd Brezel, - was koscht dann die?"

„Die koscht 55 Cent" hot se zu mir g'sacht".

„Jetzt bassen Se mol uff: Ich geb Ihnen jetzt 30 Cent, die lechen se vor de Schbichel, un not gewen se mer noch 5 Cent raus," hab ich 're vorg'schlache.

Awwer do druf hot se sich dann doch net eigelosst.

´s Sauschwänzel

„Guten Morgen, werte Kundin, geht es Ihnen heute gut?
Was darf ich denn heut´ empfehlen, was dem Gaumen munden tut?

Etwas von der Schweinebacke oder gar ein Steak vom Rind, Viertel
Aufschnitt von dem Guten, ein Paar Wiener für das Kind?"

„Darf es vielleicht etwas mehr sein, von dem Aufschnitt, wie gehabt?

Möchten Sie noch etwas Schwade von dem Bauch, der gut geschabt?

Haben Sie noch einen Wunsch, den ich gleich erfüllen kann? Da wär´ noch
die grobe Bratwurst für den werten Ehemann?"

Stets mit einem freundlich Lächeln, hübscher Miene im Gesicht,
gut geschützt hinter der Theke, täglich wie im Rampenlicht.

Doch im Innern brodelt ´s manchmal, keiner sieht den dicken Hals:
„Ach, wie fett ist doch das Kass´ler, salzig schmeckt das Schweine-
schmalz".

Morgens schmusen, etwas kuscheln, länger bleiben in dem Bett,
ungestresst den Kaffee trinken, keiner kommt, der gern ´was hätt´.

Geniesset nun den Teil des Lebens, gönnet euch nun viel mehr Ruh´:

Lange habt ihr euch geschunden – und der Laden bleibt jetzt zu.

.....Woi un Wei - moi un mei

Als ich uf die Welt kumme bin, hawen sich die Eltere vun meim Vatter in Speyer geäänicht, dass se Opa und Oma genennt werre wollen, net Groß-vatter un net Großmutter. Die Eltere vun meine Mutter in Duttweiler hän geche „Großvatter" un „Großmutter" gar nix eizuwende g'habt. Des war eichentlich ach ä gute Lösung.

Die Großmutter un die Oma hän aus Houscht (Hochstadt) g'schtammt und dort trinkt mer gewehnlich Wei, wann mer Dorscht hot. De Großvatter war aus Duttweiler un de Opa aus Speyer, die hän liewer Woi getrunke.

Da ich jo ach mit Woi groß worre bin un letztendlich in ä Weibaugebiet g'heirat hab, hab ich in dem Buch schun kräftich g'schwankt ob ich Woi odder Wei, ob ich soi odder sei (sein) schreiwe du.

Wie Sie jetzt festg'schdellt hän, hot de Wei g'siecht. Awwer es schbricht nix degeche, wann än Neischdatter, Speyerer, Ludwigshafener odder än Kurpälzer äfach „oi" statt „ei" lese dut.

.........bevor ich mol widder g'froocht wer!

Mir drei, – die Dorothea (ä guti Schulfreundin vun meinere Fraa), – der klääne Rauhaardackel – un ich -, sin owends schbeet noch „Gassi" gange. Mir hän uns schää unnerhalte un uf ämol froocht mich mei Begleiterin in fränkisch-hochdeitschem Dialekt: „Denkst du nur in Reimen?"

„Nä, ganz sicher net!" hab ich ihr zur Antwort gewwe.

Inhaltsverzeichnis

Die Seit´ bleibt jedenfalls noch frei, vielleicht kummt ä Gedicht noch nei!

des Biech´l, des is dofor gut,

dass mer do drin ´was lese dut!

Manche Mensche dun ach gerne

´was draus ausewennich lerne.

Oder ´s is defor gedenkt,

dass mer´s kaaft und dann verschenkt.

Du kannscht jedoch, uhne Bedenke,

zuerscht drin lese – dann verschenke –

Das Buch „.... ach, du liewes Lewe" ist im BoD-Verlag auch in 172seitiger Ausführung in Großschrift und Hardcover kaschiert erhältlich.